Antonello Menne

Da Roma a Gerusalemme

Diario di un Cammino

pe

Primiceri Editore

A Francesco

Prefazione

Con la lettura di *Da Roma a Gerusalemme* ho concluso anch'io un nuovo Cammino, come averlo vissuto in prima persona.

Idealmente al fianco di Antonello, avevo già "camminato" sulle pagine di *Ti Mancherà*, da Saint Jean Pied de Port a Santiago de Compostela e, un anno dopo, lungo le tappe della Via Francigena, da Milano a Roma con il suo secondo libro *Tanta Vita*.

Non è facile pensare al segno identitario di ogni singolo percorso dell'Autore. In ogni Cammino c'è un tratto distintivo, singolare e unico come è proprio della storia di ogni viaggio della vita; eppure, al contempo, non manca un filo conduttore che attira e avvolge in un sentiero misterioso che si disvela passo dopo passo.

Si sente l'irrefrenabile istinto per l'avventura di un pellegrino che sfida il corpo nella dura fatica di itinerari impervi e a tratti estremi, alla ricerca (e alla riscoperta) delle proprie istanze umane intime ed essenziali.

Si scopre l'invincibile volontà di raggiungere la meta a ogni costo come principio e valore esistenziale fondamentale, cui tendere con immutabile passione per trasformare nella realtà un sogno custodito nel cuore.

Si vive un delicato trasporto, sempre più avvincente, nella dimensione intangibile di un viaggio profondamente spirituale dell'Autore quale elemento formativo per la sua più autentica esperienza umana e terrena.

Sono elementi di un discorso più ampio e articolato che Antonello, ora con *Da Roma a Gerusalemme*, rivela al lettore riservandogli l'emozione della scena finale di un lungo percorso narrato con saggia armonia, progressivamente verso ogni tappa fondamentale, da Roma a Otranto e infine verso Gerusalemme.

Nella nuova esperienza di Antonello affiorano le radici salde e inalterabili dell'esperienza di un pellegrino che avanza con i propri passi, a volte incerti ma sempre incessanti, in sintonia con la storia umana e religiosa custodita nei solchi di ogni percorso.

Lo stile narrativo è sincero e autentico, semplice e convincente. Il tono affabile e avvolgente, intimo e straordinariamente umano.

Ogni momento del Cammino è vissuto da Antonello con la gioiosa estasi di un "bambino" esplorante ma anche con concentrazione esperta e matura, conquistata durante i cammini della vita di un uomo forte e buono.

Il paesaggio di ogni percorso e tappa è vivo e attuale. Antonello lo osserva con la curiosità di chi ha bisogno di ossigenare l'anima e, per questo, luoghi e persone sono raffigurati nella loro espressione istantanea con il tocco elegante di un pittore addolcito dall'esperienza che non deborda oltre le linee dell'essenziale.

Ogni incontro lungo il Cammino è spontaneo e immediato, senza filtri o barriere. Antonello sembra dissetarsi dopo ogni incontro con bambini e anziani, come se in loro intravedesse la pianta e il tronco della vita. Sono incontri di straordinaria tenerezza e dolcezza, ai quali Antonello partecipa con il cuore pulsante di chi è accolto e desidera accogliere a braccia aperte.

La strada di un Cammino si può condividere solo con amici veri. Antonio, Pino e Raffaele. Chi li conosce può garantire con un sigillo d'oro. Sono il tesoro lungo il Cammino di Antonello. Solo loro, perché autentici, potevano essergli accanto in un Cammino unico e speciale.

Nel progredire di ogni tappa, Antonello si scruta dentro; per sentirsi, ascoltarsi e regalarsi un dono prezioso. Il Cammino diventa per lui un premio di dolcezza, di tenerezza, di perdono e di amorevole accoglienza per le proprie umane fragilità.

Questo dono si apre delicatamente al lettore con la generosità dell'umile viandante per diventare dono per tutti. Ho la sensazione quasi reale della consegna di un regalo da preservare, in una atmosfera di ineffabile empatia che la lettura del libro crea con un lieve anelito a entrare nella storia. Ogni dono sincero emoziona e commuove e, durante la lettura, mentre mi immedesimo sempre più nell'immensa semplicità della straordinaria impresa, sento il sapore sapido delle mie lacrime.

Il Cammino è un glorioso ritrovarsi con il sé smarrito, dimenticato e manipolato per assecondare la città ed evitare il deserto.

Nel nuovo libro di Antonello, il deserto è un simbolo di resistenza attiva e di possibile vittoria; è rievocazione tangibile del messaggio biblico di una forza invincibile oltre ogni immaginabile forza nemica; l'emblema di una alternativa al detrimento dello spirito nella difficile missione della vita.

I passi calpestano la sabbia torrida del deserto. Antonello avverte la sua imponderabile attrattiva che assume illusorie sembianze dal fascino irresistibile. Il deserto gli appare come potente elemento della natura che impone perentori percorsi antitetici e contrapposti, il rischio di perdersi per sempre oppure l'opportunità salvifica di ritrovarsi *nuovi e migliori*.

Il deserto è il palcoscenico desolato che circonda e imprigiona la storia di due popoli in continua guerra che rinunciano a ritrovare la via della pace e che, tuttavia, nel percorso di Antonello diventa il ponte necessario e lo spartiacque risplendente lungo il Cammino sulle tracce di Gesù.

"Sento che Gesù ci aspetta a Gerusalemme e questo basta a rassicurarmi". La sera nei luoghi lungo i percorsi che avvicinano alla vita dell'Uomo, la preghiera è incessante e la Sua presenza diventa per Antonello compagnia amorevole e quiete cullante.

Nei luoghi della vita e della Risurrezione di Gesù, Antonello cerca Maria per ascoltare le sue parole. Vuole sentire la voce di Gesù fanciullo e poi il peso sanguinante dei Suoi passi, mentre, per volontà del Padre, Gesù trascina la Croce della Risurrezione. Il Cammino di Antonello si traduce in un autentico atto di fede, umile e prostrante al cospetto dell'amore che ha rivoluzionato la storia.

Gerusalemme è il luogo nel quale imperano le contraddizioni all'ombra di una croce che reclama più che mai la pace del mondo. La sacralità del luogo ha spalancato le sue porte e Antonello le attraversa stringendo per mano i suoi figli; Chiara e Luca protagonisti attivi che con il loro entusiasmo e il loro contributo sono stati fondamentali anche nelle situazioni più critiche.

Antonello ha compiuto il suo sogno e ha voluto al suo fianco Chiara e Luca, ringraziando il Signore per avergli donato due fiori meravigliosi. Il pianto dei tre viandanti è ora il pianto della gioia, della fiducia e dell'abbandono in Cristo.

Il mio cuore si è arricchito di un'esperienza nuova e ringrazio Antonello, Chiara, Luca e gli amici veri di questo nuovo Cammino che insieme hanno reso possibile un'impresa alla ricerca delle ragioni profonde della vita, nel quale ognuno di noi potrà ritrovarsi per scoprire i tesori di un viaggio difficile ma sempre "possibile" quando è illuminato dalla fede e dalla speranza.

Giovanni Reho

I ladri in casa
(Milano – Roma)

Lo zaino è già al suo posto, davanti all'armadio, sulla stessa sedia che lo accoglie prima di ogni partenza. Sicuramente l'hanno visto anche loro o, magari, l'hanno scansato a priori, consapevoli di non trovarvi nulla di interessante. Sono andati a colpo sicuro, loro.

Già, perché due giorni fa sono entrati i ladri in casa. Hanno forzato e sfondato la porta, utilizzando una scala prelevata dalla terrazza del condominio, rubato oggetti preziosi e devastato le camere da letto.

Riflesse sullo specchio, vedo le ombre dei marioli aggirarsi da una stanza all'altra, perlustrare con le torce ogni angolo dell'appartamento, il luogo più intimo delle mie giornate. Li immagino muoversi come delle pantere e, con singolare destrezza, insaccare gli orologi e le collane da portare via. È una brutta sensazione.

Aurelio, il mio vicino di casa che fa le vacanze a giugno, con il viso turbato e corrugato come un cartone da riciclo, mi ha accompagnato alla vicina stazione dell'*Arma*. Ottant'anni, vive da solo in compagnia di Camilla, un bassotto cui è molto affezionato. Al momento dello scasso era al supermercato a fare un po' di spesa.

Eccoci dinanzi al caseggiato, ci fanno entrare e accomodare su una panca biancastra e traballante. Dopo circa un'ora di anticamera, lascio Aurelio in compagnia di un altro "denunciante" e accedo allo stanzino, mi guardo intorno e mi siedo davanti al giovane carabiniere; le pareti sono disadorne e sporche, sopra il calendario dell'*Arma* troneggia la fotografia del Presidente della Repubblica, inserita in una cornice scolorita che sta per venire giù.

Espongo i fatti e per un attimo mi pare di essere davanti ai giudici che incrocio nelle mie convulse giornate lavorative: detto il verbale facendomi prendere dalla pignoleria della professione, precisando dettagli che lasciano interdetto il povero piantone, il quale suda e deglutisce nervosamente. Prima della stampa finale riprende in mano la carta di identità e mi chiede: «Civilista o penalista?».

«Stia tranquillo, sono un civilista», gli torna il sorriso e mi dice: «Aggiunga o corregga pure, se ritiene...». «Va bene così» gli rispondo.

Con il foglio della denuncia in tasca, riprendo, quindi, la strada verso casa. Aurelio mi suggerisce alcuni interventi da fare nel pianerottolo, anche lui è preoccupato, da oltre quindici anni condividiamo gli spazi comuni in totale armonia. «Niente cancelli o sbarre però...» gli dico.

Da ieri quelli del *pronto intervento* stanno trafficando per sostituire la porta blindata; lavorano sodo e sono in tre: il capo è di esigua corporatura, ha la testa nascosta dentro le spalle pronunciate che esaltano gli occhi felini, pronti all'assalto, sembra una lince che si divide il campo con il lupo grigio nel corso delle notti di caccia grossa. Raccomando loro di non fare troppi rumori per non disturbare i vicini. Mi dicono, però, che sono autorizzati dalla prefettura e se si tratta di sicurezza possono avvalersi di qualunque mezzo di percussione acustica, a qualsiasi ora del giorno e della notte. Non reagisco, li lascio fare, tanto il condominio è semivuoto, bello pronto a nuove e indisturbate incursioni.

Alle 12 mi chiama Alexander: «Amigo mio, sono a Milano, passo a salutarti!». È con Renata, sua moglie, viene dal Brasile e ha programmato il mese di agosto in giro per l'Italia. «Ti aspetto, puoi prendere la metropolitana, così arrivi prima». Consegno le ultime istruzioni agli operai e verifico di avere in dispensa qualcosa di commestibile per un aperitivo al volo.

Alexander è un amico cui sono molto legato; è un ex militare della Guardia nazionale, fisico atletico e modi garbati, sotto la barba incolta nasconde un'essenza di dolcezza con cui affronta qualsiasi momento della giornata. Ci siamo conosciuti a Roncisvalle, nel grande *hospitale*, al termine della tappa lungo i Pirenei, durante il mio secondo Cammino verso Santiago.

Riesco a preparare un tagliere con scaglie di pecorino appena ricevuto dalla Sardegna. Quando entrano in casa, destreggiandosi per non inciampare tra gli attrezzi degli operai al lavoro, scorgo la loro meraviglia e avverto il loro imbarazzo per essersi presentati in un momento forse poco opportuno. «È il regalo che mi hanno fatto i ladri, ma stiamo per risolvere...» dico sottovoce ad Alexander, sapendo bene che anche lui è abituato alla precarietà del Cammino e ai suoi imprevisti. Renata, avvolta nei suoi lunghi capelli chiari, non riesce a trattenere l'emozione e scoppia in lacrime. Mi raccontano il loro programma e le città che intendono visitare, a partire da Milano. Dopo avere esposto sommariamente il percorso che mi attende e raccolto le loro raccomandazioni, Alexander mi dice: «Prosit meu amigo, bom caminho!», per un attimo mi ritrovo davanti alla grande cattedrale della Galizia.

Mentre li accompagno alla porta, penso a quanto sia bella la sicura incertezza del pellegrino che sa quale sarà la sua meta, le tappe intermedie e sa accogliere, con il cuore e con lo sguardo, tutto quello che arriva nel frattempo, compresi i dettagli e i particolari. Penso al momento in cui quelle persone, entrate nella mia casa, pur avendo intravisto lo zaino, si sono accanite su altro, immaginandolo più prezioso senza sapere che lì, in quel momento, c'era, per me, un tesoro molto più grande.

È il pensiero di un attimo. Mi riportano alla realtà gli operai intenti a ripulire l'ingresso dagli ultimi detriti e a compilare la scheda di collaudo. Tutto sembra funzionare al meglio, dai codici agli allarmi. «Grazie, siete stati bravissimi, avete battuto ogni record...». Mi guardano con sufficienza e nei loro pensieri credo aleggi anche qualche parola poco gentile; probabilmente vorrebbero mandarmi a quel paese e dirmi che avrei bisogno di prendermi alcuni giorni di vacanza in una di quelle baite isolate della val Brembana, dato che prima li avevo stressati al limite dello scontro fisico e ora li riempio di effimeri complimenti. Saldo la fattura e li saluto, chiudendo la porta in fretta e furia.

Ho a disposizione poco tempo, sento già il fruscio delle foglie al mio passaggio lungo i sentieri del Salento e poi dell'Alta Galilea.

Lo zaino è quasi pronto, il treno per Roma parte alle 16. Fortunatamente ho la mia lista, quella che aggiorno fin dal primo cammino. Sono ancora indeciso su alcuni indumenti: gli ultimi tratti, in Puglia, saranno molto impegnativi per via delle temperature mediamente molto alte e il deserto lungo la valle del Giordano richiederà continui cambi. Prendo la decisione. Infilo nello zaino i sandali e due nuove magliette, una rossa, il colore della passione, insieme a cinque paia di calze...mica voglio rivivere l'incubo delle vesciche dell'anno scorso lungo la Via Francigena!

Alle 15:45 sono in stazione, dopo aver percorso a piedi il tragitto da casa. Qualcuno del quartiere mi riconosce e mi guarda stranito, in genere mi vedono in giacca e cravatta. «Dove sei diretto?» mi chiede Giorgio, un amico di vecchia data che abita nel palazzo di fianco al mio e sta aspettando sua figlia che rientra da Firenze: «Vado a Gerusalemme...»

rispondo, senza staccare lo sguardo. Incredulo, non aggiunge altro.

È il 31 luglio, trentacinque gradi, intorno alla stazione Centrale è un *fuggi fuggi* generale.

Alle 16 il treno parte puntuale, l'aria condizionata mi costringe a infilare il *pile*. Non riesco a estraniarmi dal resto dei passeggeri; dal sedile di fianco al mio sento addosso gli occhi di un'arguta signora, sulla settantina, che, all'altezza di Bologna, non resistendo alla sua naturale curiosità, m'interroga sul libro che sto leggendo: "Terra Santa. Sui passi di Gesù". Le mostro la copertina e noto la sua commozione. «Ci sono stata cinque anni fa nel mese di aprile, con un pellegrinaggio organizzato dalla parrocchia. Sapesse quanto è stato bello, a parte il caldo...».

«Capisco».

«Anche lei sta andando a Gerusalemme?».

«Sì, partirò da Roma».

«Ma non le conveniva partire da Milano?».

«A Roma incontrerò altri due amici, da lì mi incamminerò verso Otranto e poi proseguirò per Gerusalemme».

«A piedi?».

«Sì, a piedi, con l'aiuto di Dio...».

«Shalom aleichem» mi augura sottovoce, prima di congedarmi.

Queste due parole riecheggiano nella mia mente in una sorta di viatico, riproponendomi le riflessioni degli anni giovanili: quando l'appartenenza, la prospettiva o le semplici aspirazioni si esprimevano attraverso gli slogan più disparati.

"Shalom aleichem" (La pace sia con voi): sono le parole che Gesù rivolse ai suoi discepoli prima di intraprendere il Cammino dalla Galilea alla volta di Gerusalemme.

Mi volto a cercare la signora ma è già andata via, quasi fosse una meteora. Nessun incontro avviene per caso, ne sono convinto ora più che mai.

Shalom aleichem.

Colui che ascolta
(Roma)

L'appuntamento è al binario dieci della stazione Termini, secondo un'abitudine risalente ai tempi universitari. Raffaele e Antonio mi aspettano all'inizio delle rotaie. Ridono a crepapelle nel vedermi avanzare, zaino in spalla, col mio passo, mai abbandonato, da pastore errante della Barbagia. Raffaele, barba lunga e occhiali da intellettuale anni Ottanta, è già in assetto di montagna. Su di lui si concentrano le attenzioni dei passeggeri frettolosi. Porta uno zaino voluminoso e una maglietta di taglia ridotta che mette in evidenza le rotondità che vorrebbe abbattere nei prossimi giorni di fatiche. Viene da Firenze, anche se le sue radici sono in uno sperduto borgo di montagna della provincia di Salerno.

Antonio arriva da Treviso, capelli folti e castani da fare invidia a molti di noi. Lui dice di non tingerseli, hanno mantenuto lo stesso colore nel corso degli ultimi trent'anni. È un camminatore di montagna, polpacci solidi e mani callose. Conosce a memoria tutta la valle del Cadore con le sue cime: il Pelmo e l'Antelao sono le sue preferite.

Con loro ho condiviso sacrifici e ansie, successi e conquiste nel collegio universitario a Milano; insieme ci siamo laureati all'università Cattolica, dove abbiamo sperimentato la gioia dell'impegno politico e del volontariato, quando il mondo lo volevamo radicalmente cambiare, anche grazie al carisma di Giuseppe Lazzati, padre costituente e allora rettore del nostro ateneo.

Ci abbracciamo, il contatto fisico fa parte del Cammino. Siamo emozionati come i ragazzini che stanno per affrontare una nuova avventura senza il controllo dei genitori. È l'emozione del primo incontro dopo giorni di attesa per questa nuova esperienza che sta per iniziare.

Per Raffaele è la prima volta, mentre Antonio ha al suo attivo l'ultimo tratto della Francigena dello scorso anno. Siamo tutti e tre avvocati, e questo rischia di appesantire il Cammino: troppe categorie e sovrastrutture, troppo uso della ragione, troppe riserve. Il Cammino richiede abbandono e fuga in avanti. Ma confido che sapremo affidarci al ritmo che la strada vorrà regalarci, cercando di entrare liberi dentro il mistero del nuovo tragitto che domani inizieremo alla volta di Otranto.

Dal Tirreno soffia un vento leggero che rende gradevole la serata, nonostante le temperature permangano molto alte.

Per cena, da Civitavecchia, ci ha raggiunto Michele, un caro amico, imprenditore visionario e promotore negli anni di innumerevoli progetti a favore dei disabili. Anche lui è una colonna della "cordata di Santiago". Ci porta in un ristorantino a Trastevere, attraversando a piedi un bel pezzo di città. Ordiniamo *maccheroni cacio e pepe* e *coda alla vaccinara*, ma non ho molta fame. Ascolto i racconti e avverto il brusio delle altre persone che conversano nella locanda, sentendomi un po' estraneo alla situazione. Michele trasmette entusiasmo, ci aggiorna sulle novità personali e professionali, avrebbe voluto far parte del gruppo. Gli dico che lo vorrò nella prossima spedizione.

A fine cena ci imbuchiamo tra la folla del quartiere, tra chi suona e chi beve birra dai boccali trafugati dai pub di Dublino.

Adoro Roma. Ci sono tante ragioni che mi legano a questa città, professionali e personali. Da studente liceale, all'ombra del Colosseo, mi sentivo al centro del mondo, mi lasciavo travolgere dalla sua magnificenza e dai suoi misteri. Amo questa città perché ha segnato la storia dei popoli dell'Europa e del Mediterraneo.

Qui, tra il 64 e il 67 d.C., morì Simon Pietro, il capo dei dodici apostoli di Gesù, durante le persecuzioni anticristiane ordinate da Nerone. Simone, che significa "colui che ascolta", arrivò a Roma dopo essere stato per quasi trent'anni vescovo di Antiochia di Siria. A Roma diventò vescovo e papa, il primo della cristianità; ancora oggi i romani lo sentono come il loro grande pastore e lo invocano in ogni circostanza. Le sue spoglie sono custodite nella grande basilica.

Provo a immaginare il suo arrivo a Roma quasi duemila anni fa, dalla sua Galilea, dal lago di Tiberiade dove pescava fruttuosamente, prima di rimanere travolto dall'incontro con un amico speciale proveniente dalla vicina Nazaret.

"Colui che ascolta": ecco un altro segnale importante, cui non avevo prestato la necessaria attenzione. Farò, ascoltando, il percorso di ritorno, quello che avrebbe voluto realizzare anche Simone: tornare in Galilea per trovare la pace eterna, come è naturale per ogni uomo. Porterò i saluti alla sua gente, soprattutto ai giovani che abitano a Betsaida e nei pressi di Cafarnao, toccherò le acque del Giordano e dirò ai pescatori del *Mar di Galilea* che il loro avo riposa a Roma circondato dall'affetto di molti fedeli.

Così, prima di raggiungere Santa Maria alle fornaci, la casa religiosa dove pernotteremo, allungo il passo e mi fermo un attimo dinanzi al porticato del Bernini ad ammirare la statua di Pietro che sovrasta la piazza monumentale. Ora posso andare a dormire, so qual è il senso del mio Cammino. Ne sono sicuro.

Nella stanza tripla non c'è più tempo per parlottare. A mezzanotte spegniamo la luce, domani alle 6 è prevista la partenza per Castel Gandolfo e nulla sappiamo del percorso. Non vediamo l'ora di raggiungere l'antica Via Appia.

Shalom aleichem.

Lo scalpellino dell'Appia Antica
(Roma-Castel Gandolfo)

Alle 5 sono sveglio, segno che il Cammino comincia a dare i suoi tempi. Mi alzo, provoco brevi rumori e i miei compagni di cordata accennano un timido buongiorno. La nuova avventura sta per avere inizio, con la stessa attrezzatura delle ultime quattro spedizioni.

Facciamo colazione insieme alla signora Carla, occhi minuti e azzurri, il suo sguardo è accogliente; è la titolare della casa, ha fatto suo il nostro desiderio di anticipare l'apertura della cucina, è un po' assonnata, ma premurosa.

Ho ancora lo stomaco chiuso e le mani sudate, sento i piedi umidi. Ai miei amici non dico nulla, ma sono preoccupato: ricordo le difficoltà dello scorso anno per via delle continue vesciche.

Antonio e Raffaele sono silenziosi: osservano i miei movimenti e mi chiedono le coordinate prima di partire. Raffaele mi dice che in realtà è sveglio da molto presto, l'adrenalina è già in circolo.

Lasciamo Santa Maria alle fornaci e ci dirigiamo in piazza San Pietro, è lì a due passi. L'alba è già avanzata, la giornata si preannuncia molto calda. So che i *sampietrini* non mi daranno tregua.

Mentre i miei amici consultano una mappa della città, mi inginocchio di fronte all'ampia facciata e recito una preghiera, affido i miei passi a Pietro, anche lui d'altronde arrivò dalla Galilea a piedi e fece cose importanti fino al giorno della morte. È l'ora di partire.

Prima tappa: dobbiamo raggiungere piazza San Giovanni e poi il Circo Massimo. Non trovando le frecce, quelle tanto care ai pellegrini, seguiamo la voce di Google Maps. Quella per Otranto e poi per Santa Maria di Leuca è anche conosciuta come Via Francigena del sud, ma ancora non è strutturata come quella del nord.

Camminiamo in silenzio, accompagnati dal frastuono delle auto e dei clacson. A Castel Sant'Angelo faccio il primo cambio delle calze e bevo. Sento tutta l'agitazione del primo giorno. Non m'interessa guardare il telefono o leggere i messaggi, sono concentrato su quello che sarà il nostro percorso privo di frecce e segnali.

Attraversiamo un ponte sul Tevere e finalmente raggiungiamo il Circo Massimo, ritrovando la terra battuta per la gioia dei nostri piedi. All'incrocio di San Saba, sul palo di un cartello stradale, veniamo attratti da un adesivo di colore bianco e rosso: è lui, il simbolo della Francigena con l'immagine del pellegrino medioevale, la nostra guida dopo lo smarrimento iniziale.

Dal parco degli Scipioni facciamo ingresso nell'Appia antica, "ci siamo, ecco il Cammino" mi viene da pensare. Aumentano il ritmo e la sicurezza. Per la prima volta accedo a questo monumento che si snoda per centinaia di chilometri, una strada che ha più di duemilatrecento anni di vita, sopravvissuta alle intemperie della storia, dai Barbari ai predatori del Medioevo, dai "privatizzatori" del Rinascimento fino alla metà dell'Ottocento, quando il papa Pio IX volle realizzare un museo a cielo aperto.

Calpestare i sassi dell'Appia è come accarezzare la storia, esserne risucchiato, sentire il respiro degli operai che l'hanno realizzata e delle grandi famiglie che poi l'hanno conservata. Un tracciato che dimostra ancora oggi la grande visione degli antichi Romani che realizzarono queste arterie principalmente per motivi militari ed economici. Successivamente divennero luogo di incontro dei pellegrini che andavano a Brindisi, a Otranto e a Santa Maria di Leuca, prima di imbarcarsi alla volta della Terra Santa.

Sulla via Ardeatina, subito dopo la chiesa del *Domine quo vadis*, ha inizio un lungo rettilineo, tanto integro nella sua struttura che sembra realizzato da qualche anno mentre, in realtà, è quello originale. Emana armonia e bellezza, quel senso estetico che ha nei secoli accompagnato l'Impero Romano, anche quando i suoi capi non godevano del necessario consenso del popolo.

Ai bordi della carreggiata veniamo accolti da decine di monumenti, case private, lapidi e iscrizioni su pietre. Mentre Antonio e Raffaele avanzano spediti, io mi fermo e con l'indice della mano destra accarezzo una di queste incisioni: voglio sentire le dita di quell'artigiano che ha voluto regalare un pezzo di eternità al suo committente, la ricca famiglia patrizia che sicuramente avrà trovato ospitalità nei libri di storia. Mi soffermo, voglio sentire il calore dello scalpellino che ha intagliato questa pietra, che ha dato riparo eterno a un corpo freddo, regalandogli un'anima. Su questa incisione è caduto lo sguardo di imperatori, militari, pellegrini e, oggi, di molti turisti. Porterò con me a Gerusalemme il sudore dello scalpellino dell'Appia antica.

È bello lasciarsi prendere dalla melodia della campagna romana, intersecata da fossi e perimetri che ricordano la sua antica struttura produttiva. Questa risale al tardo medioevo e si è conservata integra fino alla riforma agraria degli anni Cinquanta. Camminiamo ai bordi della carreggiata, un po' per cercare l'ombra dei grandi pini e un po' per preservare il selciato, mantenerne la sua integrità a favore di chi passerà dopo di noi.

Alle 13 superiamo Marino e poi Frattocchie. Un'ora dopo siamo a destinazione, la prima tappa è andata.

Ci accoglie Antonella, una signora sulla cinquantina che gestisce un B&B ben organizzato e curato nei minimi particolari. Le casette sono distribuite in mezzo al verde e qua e là ha piazzato gli ombrelloni con le panche per la lettura. Ci assegna un monolocale con tre letti, facciamo il bucato e stendiamo all'aperto, siamo in campagna e non ci viene voglia di uscire. Aspettiamo, affamati, l'ora della cena.

Raffaele è colto da meraviglia, è la sua vera prima tappa di Cammino, parla con l'entusiasmo di un ragazzino, racconta i dettagli della giornata a suo figlio Niccolò, che, rimasto a Firenze con la mamma e sua sorella, è impaziente di vivere questa avventura all'aria aperta. Anche Antonio gioisce per questo primo giorno, ne parla raggiante con Raffaella, la sua compagna, come fosse la prima volta. Ogni Cammino in effetti ti fa vivere la gioia della "prima volta".

È arrivato il momento di sedersi a tavola. Antonella ha preparato appena trecento grammi di pastasciutta, due uova a testa, tre pomodori e un tozzo di pane… poi è andata via. Ci ha lasciato le chiavi e le istruzioni per uscire presto domani mattina.

Cena frugale, anche troppo, non avevamo messo in conto di andare a dormire con lo stomaco mezzo vuoto. Tuttavia, alle 22, felici e spensierati, crolliamo sui nostri letti.

Shalom aleichem.

Eleonora ed Edoardo
(Castel Gandolfo – Velletri)

Abbiamo ritardato la partenza. Le nuvole basse e una leggera pioggerella hanno impensierito i nostri passi. Ho proposto di aspettare fino alle 9, sperando in un veloce temporale estivo che, però, non è arrivato; così, essendo affamati di Cammino, alle 9:30, nonostante il piovasco, ci siamo messi in strada alla volta di Velletri.

Siamo nel centro storico di Castel Gandolfo, intorno alla grande fortezza che accoglie la residenza estiva del papa e il sontuoso palazzo fatto costruire da Pio IX. Prima di arrivare in cima, abbiamo costeggiato le mura di cinta e più volte ho intravisto cocci di bottiglia e inferriate acuminate. Provo un senso di fastidio dovuto, probabilmente, all'idea di dominio e supremazia che la proprietà privata è talvolta in grado di trasmettere. Perché il papa deve avere una residenza estiva? È forse un monarca?

Raccolgo i pensieri e trovo una risposta alle mie domande mattutine pensando alla decisione di Francesco che, fin dall'inizio del suo pontificato, ha deciso di non frequentare questo palazzo, spinto dal desiderio di farsi pellegrino in mezzo al suo popolo secondo l'esempio e l'insegnamento di Gesù. Una Chiesa "in uscita" e non arroccata all'interno delle grandi dimore.

Sono in silenzio, non parlo da tre ore. I miei amici sanno che prima di entrare nel Cammino devo raccogliere i pensieri. Li osservo a distanza. Raffaele, dopo l'affanno iniziale, ha preso il ritmo giusto, lo vedo sorridere, tiene molto bene il passo e sa aggredire la salita. Antonio, con la sua barba da vecchio saggio, cammina con l'esperienza del montanaro; mi piace sentire il suo accento e gli sfottò che gli restituisce Raffaele dopo le sue provocazioni.

Dopo avere fiancheggiato il lago di Albano, ci immergiamo nel bosco che porta a Nemi. Non troviamo altri pellegrini, siamo soli, accompagnati dal cinguettio degli uccelli. A un certo punto sento un rumore sordo provenire da dietro un cespuglio e mi sembra di intravedere un cinghiale, così rallento il passo e osservo, guardingo, lo spazio circostante. No, è un anziano signore che sta recitando il *Rosario*, lo saluto e mi sento rincuorato. Mi risponde con un caldo accento sardo. Anche Antonio e Raffaele si fermano: capiscono che quando due sardi si incontrano fuori dall'isola scatta una sorta di mutua e complice assistenza. Ci scambiamo le informazioni e scopriamo di avere alcune conoscenze in comune, lui è don Graziano, ottantacinque anni, manca dalla Sardegna dal 1953. Vorrebbe ritornarci per la fine del suo cammino terreno, ma ora vive in pace in questo territorio che ancora risente, qua e là, degli editti del lontano e non rimpianto Stato pontificio.

Al momento del saluto avverto il calore di questa persona, la sua forza d'animo. Mi colpisce il suo sorriso, di chi in realtà non si sente abbandonato e sa farsi piccolo nonostante i portatori dell'abito talare non siano, in queste zone, circondati da particolare simpatia.

«Dove siete diretti?».

«A Otranto e poi a Gerusalemme».

Mi piace guardarlo dritto negli occhi, raccogliere la reazione, quel frammento di vita che fa emergere il sentimento profondo, quando il cuore prende il sopravvento. Colgo una piccola lacrima che asciuga immediatamente, per pudore. Mette mano a un borsello e ne estrae tre corone bianche.

«Abbiatene cura!».

«Grazie don...» esclama Raffaele con innocenza infantile, mentre Antonio, con gli occhi lucidi, fa un cenno di adesione con la testa.

«Sarà con me fino al Santo Sepolcro» aggiungo.

I miei amici pellegrini, fino al dono dei rosari, sono rimasti in disparte, hanno voluto che vivessi il piccolo bagno di "sardità" per conto mio. Un gesto di particolare affetto.

Velletri ci ha accolto dopo sette ore di cammino. L'ultimo tratto prima di arrivare al seminario è stato particolarmente impegnativo: una ripida salita che sembrava non finire.

Raffaele era al limite delle forze, zoppicava vistosamente, poi ha scoperto che si era rotta la suola di una scarpa e ha ultimato la tappa a piedi nudi. Con Antonio è andato a rimediarne un altro paio nell'unico negozio rimasto aperto, mentre io mi sono abbandonato al silenzio del grande edificio.

Il seminario è una struttura molto grande per soli undici ragazzi. Gran parte del caseggiato presenta segni di abbandono, l'ala superiore è definitivamente chiusa, da anni non si fanno manutenzioni. I serramenti stanno per schiantarsi al suolo. È l'immagine della Chiesa di questo tempo: qualche volta decadente e arroccata nel suo silenzio, spesso impegnata ad *apparire* piuttosto che a seminare nuovi percorsi di vita. Anche alcuni preti, anziché immergersi nelle periferie delle loro città, si preoccupano di esibire l'ultimo modello di smartphone o di automobile, nonostante l'accorato appello alla sobrietà di Francesco. Gesù, riferendosi agli scribi, disse: "Amano i primi posti nei conviti e le prime fila nelle sinagoghe; amano essere salutati nelle piazze ed essere chiamati dalla gente Rabbì".

Prima di addormentarmi ricevo un video da Eleonora ed Edoardo, due creature meravigliose che mi augurano "Buon Cammino"… e il cuore si riapre alla gioia.

Shalom aleichem.

Le bombe dal cielo di Sezze
(Velletri – Cori)

L'inizio tappa non è sempre agevole. Questa mattina il clima dentro il gruppo non era dei migliori. Non siamo riusciti a fare colazione a causa degli orari sfasati rispetto a quelli dei giovani seminaristi. Quindi in strada a pancia vuota.

Le frecce spesso si sovrappongono con i simboli di altri cammini, alcuni dei quali improvvisati. Alla periferia della città, verso Cori, siamo stati in conclave per cercare di capire quale direzione prendere. Ci siamo affidati a Google Maps e siamo riusciti a lasciare il centro abitato attraversando una serie di uliveti, quelli che producono la famosa oliva di Gaeta.

All'altezza di Artena ci siamo imbattuti in due cartelli, entrambi della Via Francigena "ufficiale", indicanti due direzioni opposte: una rivolta a nord e l'altra a sud, precisamente per Benevento. Ci è parso naturale seguire la seconda. Dopo quattro chilometri ci siamo trovati di fronte a un cancello con una targa che recitava: "Proprietà privata. Vietato andare oltre". Neanche nei sentieri di guerra gli avvisi sono così perentori. Non abbiamo osato forzare, anche perché pare che in zona vengano addestrati dei cani da combattimento per difendere le ville e i fortini con piscina privata. Abbiamo fatto a ritroso il percorso lungo i campi, fino al punto del doppio cartello.

Ora siamo come sospesi, in attesa di prendere una decisione, svuotati nei nostri pensieri. Ho quasi la sensazione che il tempo si sia fermato: mi guardo intorno, non avverto movimenti particolari, anche le foglie sembrano impietrite. Un senso di abbandono. Tutti sono scappati, chi è rimasto ha eretto muri e steso il filo spinato.

All'improvviso vediamo la polvere sollevarsi in fondo al sentiero e poi il rombo di un fuoristrada. Un ragazzo sui trent'anni, bianco cadaverico, arriva a tutta velocità, frena, abbassa il finestrino e ci guarda con aria minacciosa: non è molto contento di vederci all'ingresso della sua dimora. Gli chiediamo dell'acqua, ci fa cenno di seguirlo. Apre la porta e gli viene incontro una donna, anche lei sui trent'anni; da oltre un'ora, terrorizzata, era rimasta asserragliata in casa con la raccomandazione di non aprire agli sconosciuti. Perché tutta questa tensione? Ho il presentimento che quelle mura nascondano qualcosa di poco pulito, di illecito. Rimaniamo a debita distanza, non entriamo e non facciamo domande. Finalmente l'acqua. Ci consegna due bottiglie dal frigo, le scoliamo in un baleno e gli chiediamo di poterle riempire nuovamente dal rubinetto del giardino. Acconsente senza pronunciare una parola.

Ripartiamo carichi, abbiamo sforato di otto chilometri ma ora sappiamo dove andare. Cori è sul cucuzzolo. L'ultimo tratto è in salita. Decidiamo di camminare ai bordi della strada statale, trentasette gradi.

Prima di arrivare a destinazione, nel parcheggio di una piccola area di servizio, incontriamo Mario, un vecchio amico di Orotelli. Vorrebbe portarci a pranzo, ma gli spieghiamo che abbiamo da percorrere ancora cinque chilometri in salita, obietta: «*Saccu boidu no abbarrat rizzu*» (Sacco vuoto non sta in piedi). Accettiamo così di bere una limonata e di consumare un toast, il nostro pasto. Poi ci accompagna all'ingresso del paese e ci regala una cassa di pomodori che consegniamo alla signora Tiziana, l'*hospitalera* che ci accoglie nel suo bilocale sopra il ristorante *da Checco*.

Al Tempio di Ercole stazionano le signore che aspettano l'ora della cena. Conversano amabilmente, sottovoce, chi rattoppa un pantalone e chi si limita a osservare, in silenzio e con sguardo smarrito, i viandanti che passano chiassosi sulla strada principale; so che veniamo percepiti come delle meteore, arriviamo ad animare il tramonto e scompariamo furtivamente l'indomani mattina all'alba. I miei amici sono andati avanti, io mi fermo e chiedo se posso sedermi al loro fianco, una di loro si alza e mi porta uno sgabello. Mi sento accolto.

Chiedo alla sarta di chi sia il pantalone, mi risponde che è del figlio che lavora in un'azienda agricola dell'Agro Pontino. Non ci sono molti giovani a Cori, tendono ad andare via, gran parte verso Roma. Mi offrono un bicchiere d'acqua poi vedo spuntare una bottiglia di *nocino*, sono a stomaco vuoto ma non me la sento di rifiutare. «Alla salute». Mi interrogano sul mio Cammino.

Prima del commiato la signora dallo sguardo perso mi chiama da parte. È minuta, assottigliata dentro un vestito scuro, vorrebbe dirmi qualcosa ma non riesce. È molto agitata, non si sblocca. Abbassa gli occhi, cerca di sfiorare le mie mani, io mi sento impreparato, non so che dirle. Le sue amiche hanno smesso di bisbigliare. Siamo al centro della scena. Le sue gambe tremano. Dopo due interminabili minuti di sospensione, le accarezzo l'avambraccio sinistro, finalmente si fa coraggio e mi chiede conferma del mio proposito, cioè della tappa di domani. Le dico, a bassa voce, aspettandomi il colpo di scena e cercando il sostegno delle altre donne, che voglio raggiungere Sezze e che, con i miei amici, intendo partire molto presto. A questo punto prende le mie mani, le stringe forte, sento le sue pulsazioni, alza gli occhi per cercare i miei e finalmente si scioglie. Ora parla spedita.

«Fai attenzione figlio mio, fai molta attenzione, il percorso è pericoloso».

«Certo, cammineremo con attenzione». Glielo dico per tranquillizzarla, non pensavo, fino a quel momento, che il tratto sarebbe stato rischioso.

«Fai attenzione… da qui fino a Sezze ancora ci sono molte bombe».

«Bombe?».

«Sì, quelle che hanno sganciato gli americani nel 1944, il 21 maggio. Ce ne sono tante in campagna ancora inesplose…fu una tragedia, una tragedia…».

Capisco il suo pianto e ora anche la sua malinconia all'interno del gruppo.

«Morì mia madre e con lei altre settanta persone. Stava uscendo dalla chiesa dedicata a Sant'Andrea, quando crollarono il tetto e le pareti. Un inferno…».

«Oddio», sento il cuore in gola.

«Dopo aver sganciato le prime bombe fecero un giro verso la pianura, poi tornarono indietro e completarono l'opera ammazzando altri innocenti. Fu un atto infame. Maledetti!».

«Perché colpirono la chiesa?».

«Non lo so, non lo so…».

«Udimmo altri boati. Dicono che abbiano lanciato bombe lungo tutta la pianura e nelle campagne circostanti».

La signora Costanza non piange più, gli occhi sono ritornati freddi, tetri nel loro dolore. Leggo un istinto di vendetta e di rivalsa. Non si è mai data pace. Aveva solo cinque anni quando avvenne tutto questo, la sua vita ha dovuto subire il peso di una grave mancanza, cioè della persona che maggiormente avrebbe voluto al suo fianco.

Non ho più parole, sono confuso e turbato.

Poi riprende: «Comunque non avere pena per quello che ti ho detto» e nel dirmi questo mi consegna una immaginetta della Madonna dicendomi di portarla sempre con me, perché, mi confida: «Lei saprà accompagnarti anche domani».

Ritorniamo dalle sue amiche, prima lei poi le altre mi stringono la mano. Era da tanto tempo che non sentivo il calore delle mamme, con la mia ho un dialogo quotidiano, mi parla dal Cielo, mi ricorda i limiti delle mie azioni e mi dà slancio quando sono circondato da pensieri negativi. Le mamme sono l'energia della vita e la guida nei momenti di esitazione, ti danno la spinta iniziale per affrontare le nuove sfide.

Mi allontano e prego per la signora Costanza che non ha potuto godere di questo vigore quotidiano.

Shalom aleichem.

L'ultimo miglio
(Cori – Sezze)

Succede che la testa ti imponga di fermarti, una specie di blocco totale. Dopo trentacinque chilometri, a piedi, sotto il sole cocente di agosto, non abbiamo più *benzina*. Siamo come impediti, le gambe si rifiutano di fare altri passi. Ma eccoci finalmente a Sezze, a ridosso dell'Agro Pontino, stremati, dopo avere attraversato pietraie e visitato abbazie, con oltre millequattrocento metri di dislivello. Stazioniamo all'ingresso del paese, all'ombra di una quercia, seduti ai bordi di una vasca che raccoglie l'acqua di un torrente; beviamo in continuazione, è potabile anche se sa di plastica, colpa del tubo in cui viene incanalata e che rimane esposto al sole fin dalla mattina, non facendo in tempo a raffreddarsi. Le gambe sono come ingessate e i piedi più pesanti di un sacco di farina.

Dobbiamo raggiungere un agriturismo alla periferia opposta del paese. Proviamo a telefonare per chiedere alla proprietaria di venire a prenderci. Ci risponde che è sola e non può abbandonare la struttura, anzi, ci sollecita una conferma perché ha in sospeso altre prenotazioni. Ha un tono irritante, ci viene voglia di andare altrove, ma dove? Ogni ulteriore passo è una condanna, un vero supplizio.

Abbiamo camminato con l'angoscia addosso. A ogni piccola altura rallentavamo, evitando di calpestare i sassi o di imbatterci nelle mulattiere mal tracciate, preferendo i bordi delle strade asfaltate e i sentieri segnalati. Vedevamo bombe a ogni curva, ogni accumulo di terra ci sembrava una minaccia.

Non siamo in grado di prendere una decisione, rimaniamo immobili; Raffaele è troppo stanco, si lascia andare e prova ad abbozzare un pisolino; Antonio scorre l'elenco delle case convenzionate con la Via Francigena, fa due telefonate, invano. C'è anche una pensione in centro, chiamiamo, non c'è posto. Non ci resta che affidarci agli eventi e tentare di raggiungere a piedi l'agriturismo.

Il sole non mi dà fastidio. Guardo verso la parte alta del paese, mi sembra di vedere la nuvola di morte provocata dalle prime bombe, poi la seconda tormenta. Le grida di dolore, lo strazio della signora Costanza, la corsa dei bambini per mettersi in salvo. E mi sembra di vedere la ferocia degli avieri americani che, non paghi, ritornano sui propri passi e lanciano altri ordigni. Chissà come avranno vissuto i loro anni, se mai avranno sentito il rimorso per il loro atto infame; mi chiedo con quale coraggio abbiano affrontato la vita ed educato i propri figli.

Provo orrore, sono disgustato, come lo sono ancora oggi quando i missili o le bombe vengono sganciati per conquistare pozzi di petrolio o nuove vie di accesso al mare.

Sono le 4 del pomeriggio, il sole picchia impietoso. Proviamo a fare autostop, senza successo. La barba incolta di tutti e tre e la faccia stravolta non sono d'aiuto. Non ci resta che rimetterci in movimento, ci trasciniamo come dei naufraghi.

Stamattina, dopo avere lasciato Norma, mentre Antonio e Raffaele perlustravano il bosco circostante, sono entrato nell'abbazia cistercense di Valvisciolo per dedicare una preghiera alla mamma della signora Costanza. In stile gotico-romano, questo tempio fu fondato nel XII secolo da alcuni monaci greci e poi restaurato dai Templari in quello successivo. Pare che quando venne posto al rogo l'ultimo gran maestro templare gli architravi della chiesa si spezzarono. Ancora oggi, osservando attentamente quello del portale principale, si riesce a intravedere una crepa. Per un attimo mi sono ritrovato a Santiago, dentro i suoi misteri, con la melodia dei suoi canti. Mi sono estraniato e ho rivissuto quei giorni di Cammino, mi sono seduto su un banco laterale e ho chiuso gli occhi per sintonizzarmi con Leon e poi Astorga.

Il nostro agriturismo è nascosto dentro un ammasso di arbusti; la proprietaria ha perso il marito da tre anni e non ha tempo per fare le pur minime manutenzioni, così tutto continua a crescere in modo spontaneo e irregolare. Mi siedo su una panca malferma, sotto un baldacchino che sta per crollare. Raffaele mi raggiunge e si accomoda al mio fianco.

«Credo di aver capito perché la mattina scappi in avanti…ieri pensavo fossi incazzato» mi dice allungando lo sguardo verso i monti Lepini.

«Non scappo, semplicemente imposto il passo da tenere lungo la tappa».

«Ho capito le tue ore di silenzio… hai davanti quasi un mese di cammino e devi distribuire le risorse, anche quelle mentali».

«Il silenzio è solo un momento per raccogliere le idee» gli dico.

«Oggi ho lasciato da parte il telefonino e ho cercato di imitarti…stasera sto bene, mi sento trasportato da questa giornata faticosa, quasi abbandonato a…».

«Alla voce del Cammino?».

«Sì, ai suoi tempi e ai suoi imprevisti».

«Raffaè, ne abbiamo bisogno! Soprattutto noi che ogni giorno sosteniamo le difese altrui, dimenticandoci di noi stessi».

«Hai ragione. Spesso, a forza di stare dentro i casini dei clienti, mi sento solo…».

«Questo è il nostro momento, godiamocelo!».

«Sì, godiamocelo. Stasera ho voglia di un buon calice di Vermentino, ho visto che la cantinetta è ben fornita».

«Sarà contento il montanaro…».

«Per una sera farà a meno del suo Prosecco!».

L'arcigna signora sembra abbandonarsi a un sorriso: le abbiamo chiesto di aggiungere per lei il quarto bicchiere, si è commossa e insieme abbiamo brindato.

Shalom aleichem.

I *Crucesignati*
(Sezze – Abbazia Fossanova)

Riccardo I Cuor di Leone d'Inghilterra, mentre Federico I Barbarossa imponeva la sua legge in Italia, si fece promotore della terza Crociata. Raggruppò un po' di malcapitati e li aggregò al piccolo esercito regolare.

L'idea di raggiungere Gerusalemme si era oramai affermata in buona parte d'Europa. Un'idea confusa, un misto di religione e di evasione dalla routine del borgo. Qualcuno sfruttò l'occasione per conseguire vantaggi di vario tipo, quali la sospensione di certe condanne penali o la moratoria dei debiti accumulati nel corso degli anni. Qualcun altro colse l'occasione per liberarsi dall'oppressione del proprio vescovo o dalle limitazioni del feudatario di turno. È certo che la gran parte dei *Crucesignati* non aveva mai frequentato un campo di addestramento militare e a malapena sapeva impugnare una spada, ma non c'erano limitazioni di sorta: tutti potevano accedere alla spedizione perché a nessuno veniva garantito l'arrivo a Gerusalemme, né tantomeno il rientro in patria. Una specie di "Armata Brancaleone" che doveva sperare nella bontà delle popolazioni che man mano incrociavano prima di sbarcare a San Giovanni d'Acri in

Alta Galilea. Il vero collante non era la conquista di Gerusalemme, ma la fuga temporanea dalle loro contrade. La croce sul petto era più un salvacondotto che una ragione di vita.

Invero, mi ritrovo un *Crucesignato*. Il gruppo ogni tanto è spaesato, a volte viene meno la sintonia fra di noi; talvolta le motivazioni interiori rimangono in penombra perché si cerca di dare priorità agli affanni e alle impellenze della giornata. Una fontana per l'acqua o un bar sgarrupato per un panino con mortadella diventano l'obiettivo della tappa. Ma tutto questo è normale e mi affascina. Antonio e Raffaele sono per me più che fratelli, abbiamo alle spalle una vita di conquiste professionali e umane, sappiamo, in fondo, quali sono le cose "immateriali" che ci uniscono e che ci hanno "fatto grandi" fin dall'epoca giovanile. Tuttavia, il Cammino ci sta mettendo di fronte a nuove difficoltà, ci sta "spogliando dentro" e ci sta chiedendo di "viverci" con un piglio diverso da quello che abbiamo in città o nelle aule dei tribunali. Dopo qualche scazzo riparte il sorriso e poi sappiamo che il Cammino, con le sue mete, ci sta guidando e ulteriormente corazzando, per cui guai a forzare il passo, bisogna aspettare, con la consapevolezza che il silenzio è un ottimo antidoto alla momentanea assenza di connessione e di dialogo. In cuor mio so che arriverà il momento in cui il Cammino entrerà nelle viscere e saprà dare sapore alle fatiche e alle privazioni di questi giorni.

La partenza da Sezze è stata triste. Per raggiungere il centro del paese abbiamo faticato non poco, abbiamo camminato ai bordi della strada mentre i camion sfrecciavano a *tutta birra* e ci strombazzavano come fossimo dei delinquenti.

Ora siamo sulla scalinata dell'Abbazia di Fossanova, a cinque chilometri da Priverno, in provincia di Latina. È una specie di fosso, un *vicus*, e prende il nome da una vecchia cloaca che era chiamata Fossa Nova. Mi guardo intorno, il sole si scaglia come un missile sul rosone della facciata, la pietra bianca riflette una luce abbagliante che mi costringe a mettere gli occhiali scuri.

Sono le 14:30, stiamo aspettando Pino, anche lui avvocato sulla piazza di Milano, ma soprattutto prezioso compagno di cordata, l'anno scorso, lungo gli Appennini della Francigena verso Roma. Raffaele si è addormentato a ridosso del primo chiostro e Antonio è in meditazione nell'infermeria, la stanza che fu di san Tommaso d'Aquino che qui morì nel 1217.

La navata centrale è completamente spoglia di affreschi, secondo l'austero *memento mori* dei monaci cistercensi. Entro per ascoltare la voce dei pellegrini medioevali e immergermi nella pace del luogo sacro. Abbandono lo zaino ai piedi del battistero e mi siedo sul pavimento in pietra fredda, sento tanta energia dentro, il corpo sta restituendomi forza e determinazione, il Cammino sta ritornando nelle vene, mi sta indicando la strada, come il fiume che ritrova il suo percorso dopo le abbondanti piogge.

Eccolo Pino, salentino doc, dalla stazione di Priverno è arrivato a piedi, felice come una Pasqua. Da oggi farà parte della cordata fino a Otranto; siamo entusiasti del suo arrivo, saprà, con la sua mitezza, rafforzare lo spirito del Cammino. Ha qualche anno più di noi; la sua carnagione bianco ghiaccio è il segno evidente delle sue origini normanne, anche se la cadenza delle parole lo tengono saldamente ancorato alla sua terra di provenienza. Gli siamo andati incontro per un abbraccio collettivo, una grande emozione con una piccola lacrima per il gruppo ritrovato.

Shalom aleichem.

La Strega di Benevento

(Abbazia Fossanova – Terracina - Benevento)

Nonostante qualche esitazione, in quattro saliamo sulla *Fiat Panda* del signor Ifrate, il titolare del B&B di Priverno dove abbiamo dormito. Dobbiamo ritornare all'Abbazia di Fossanova, l'inizio tappa di oggi.

Ifrate non supera l'uno e cinquanta di altezza. Occhiali a fondo di bottiglia, pantaloncini corti e camicia slacciata, si aggira per il cortile con aria persa. Neanche i sandali corrispondono alla misura dei suoi piedi. L'espressione dei suoi occhi è indecifrabile, sappiamo che ascolta una sola voce, quella di sua moglie, il "generale", dalla quale prende gli ordini senza fiatare.

Con la visibilità al minimo a causa del parabrezza gravemente scheggiato, percorriamo la statale trattenendo il respiro e incrociando le dita a ogni curva. Dallo specchietto intravedo il panico negli occhi dei miei amici e con la mano sinistra impugno il freno a mano, pronto a ogni evenienza.

Dopo qualche minuto, arriviamo all'ingresso del monastero, scarichiamo gli zaini, salutiamo al volo il nostro *hospitalero* e, finalmente, riprendiamo a respirare. La mia maglietta è leggermente strappata, ci guardiamo l'uno con l'altro per dirci che poteva andare peggio.

Ci aspettano venticinque chilometri di pianura, abbiamo in mente di raggiungere Terracina entro le 13 per poi proseguire alla volta di Benevento.

Siamo nel cuore dell'Agro Pontino, la grande pianura bonificata durante gli anni di Mussolini, l'*Ager Pontinus*, il vero polmone economico di questa zona del Basso Lazio. Malgrado le gravissime distruzioni registrate durante la Seconda guerra mondiale, molti canali di irrigazione sono stati ricostruiti per assicurare ancora oggi livelli di produzione molto elevati. La cittadina di Cisterna fu interamente cancellata insieme a molte case coloniche, sempre e ancora le bombe dal cielo.

Vedo camion e trattori spostarsi a velocità sostenuta da una strada all'altra, capannoni in piena attività, un verde diffuso che si perde fino all'insenatura di Terracina. Gli operai ma anche molti "padroncini" vengono dai Paesi dell'Est Europa. Hanno un piglio deciso e a tratti arrogante. Non ti ascoltano se provi a chiedere un'informazione. Lo confesso, non vedo l'ora di andare oltre, di superare questa zona. Non ho molta voglia di parlare, procediamo in fila indiana.

Pino è un po' disorientato, fa qualche domanda, si sofferma per immortalare le sue farfalle e per discorrere con alcuni cani randagi che ci inseguono da un po' di chilometri. Vorrebbe il mio conforto su alcune sue riflessioni interiori, ma capisce che è meglio camminare in silenzio.

Alle 13:30 raggiungiamo Terracina. Non abbiamo molto tempo a disposizione. Saliamo su un bus per dirigerci alla volta di San Biagio. Gli altri passeggeri vanno tutti al mare e portano con sé borse frigo, ombrelloni, maschere e pinne. Due bambini sui tre anni piangono a dirotto, hanno sete, ma la loro mamma sembra completamente insensibile. Non capisco il loro dialetto. Vorrei offrire l'acqua dalla mia borraccia ma non me la sento, so bene delle precauzioni da rispettare.

Dopo avere cambiato ad Aversa, con un trenino locale arriviamo a Benevento dove ci vengono incontro Ivana e Amato con i loro figli. Sono arrivati da Nusco per salutarci e cenare con noi. Eleonora vuole caricarsi lo zaino per imitare Edoardo, suo fratellino. Sono due bambini che stanno regalando luce a questo mio Cammino. Nei loro occhi leggo meraviglia, ci vedono un po' come dei cavalieri medievali partiti per un'impresa eroica, sono orgogliosi e so che, con immacolata fierezza, racconteranno le nostre misere gesta ai loro compagnetti. Ci diamo appuntamento per la cena.

Nel frattempo, raggiungiamo il nostro bilocale in una viuzza a ridosso dell'Arco di Traiano (*Porta Aurea*), uno dei meglio conservati in Europa. Mi colpiscono l'aria frizzante e la pulizia delle strade, la signora che ci accoglie è anche una guida turistica. Con vanto ci racconta del passato sannitico, romano e poi longobardo di una città che ha molto da dire a chi intende visitarla con lo spirito del viaggiatore.

Vogliamo capire qualcosa di più. Il pellegrino a fine tappa ha la preoccupazione di trovare un riparo e poi cibo abbondante per sfamarsi, ma se arrivi in luoghi speciali come questo devi andare oltre, toglierti alcune curiosità che ti accompagnano fin da ragazzo, come il richiamo alle streghe che spesso era nelle parole di mia mamma.

"Sembri la strega di Benevento", le sentivo dire rivolgendosi a mia sorella Rossana, quando, alla mattina, si presentava per la colazione con i capelli per aria. L'*hospitalera* ci spiega che la *Janara* appartiene ancora alla credenza popolare che negli anni passati era molto diffusa. Secondo la tradizione, all'ingresso della porta era necessario collocare una scopa o un sacchetto di sale. La *Janara*, la strega, in questo modo era costretta a contare uno per uno i fili della scopa o i grani di sale, trattenendosi così fino all'alba, la cui luce era, per lei, d'impatto mortale.

Raggiungiamo una vecchia locanda. Siamo molto stanchi, conversiamo in attesa che ci portino i piatti. In sala c'è brusio; Pino è seduto al mio fianco, sento la sua voce rauca, vorrebbe dirmi qualcosa ma non fa in tempo, si accascia e sviene. Ordino di spostare il tavolo e di allontanare i bambini. Con Raffaele lo adagio per terra, con le gambe leggermente sollevate, gli parlo e gli tengo il polso. Riprende conoscenza e risponde alle mie domande.

Nel frattempo, entrano in sala due soccorritori di un'ambulanza intercettata da Antonio. Misurano i valori e tutto sembra ritornare nella norma.

Dopo il grande spavento lasciamo la locanda e riprendiamo la strada verso il nostro riparo. Antonio e Raffaele dormono nella stanzina in mansarda, io e Pino sul divano letto del piccolo soggiorno. Non abbiamo sonno, siamo ancora un po' agitati per l'accaduto.

«Scusami fratello, non so ancora cosa mi sia successo».

«Non preoccuparti Pino, può succedere a tutti. Hai solamente bisogno di scaricare un po' di stress».

«Ti assicuro che ora sto bene e che da domani ripartiremo senza intralci».

«Ne sono certo, però ora cerchiamo di dormire...ci aspetta una tappa molto impegnativa».

«Ok, buonanotte».

«Buonanotte».

Sento il suo respiro pesante, si è addormentato. Dopo due ore, anch'io.

Shalom aleichem.

Il segreto di Vittoria
(Benevento – Buonalbergo)

Buonalbergo è un piccolo borgo sospeso tra i monti, poche case ma molta luce. Al primo incrocio, proprio alla fermata della corriera, troviamo ad aspettarci Fernanda e Antonio, i nostri *hospitaleri*.

Si guardano con complice tenerezza, cercano reciprocamente uno il consenso dell'altra; incontrandoci per la prima volta hanno paura di dire qualcosa di sbagliato anche se diventano un fiume in piena quando la domanda cade sui prodotti del loro orto. Amano la terra, quella ereditata dai loro genitori e la difendono, con le unghie, dall'abbandono e dall'incuria.

Tutto è rimasto immutato. La porta d'ingresso dell'ostello immette dalla strada direttamente nell'ampia cucina. Dal caldo torrido della via al fresco naturale tipico delle cantine scavate nella roccia, le mura spesse non consentono lo sbalzo termico. I fornelli sono alimentati da una stufa a legna e le pentole sono a vista, appese al muro, anche i chiodi sono rimasti integri, poi la credenza in massello di rovere, al cui interno fanno bella mostra le tazzine del caffè e tre piatti decorati a mano.

"Ostello del pellegrino" è l'insegna che campeggia nella casetta di Fernanda, che ha voluto dare un senso a un luogo dove l'ospitalità non è mai mancata: prima punto di ristoro per i braccianti, ora centro di accoglienza per i viandanti. Risaliamo le scale, al primo piano il pavimento balla un po', i letti sono quelli della nonna, anche gli armadi e gli asciugamani sono consumati dagli anni.

Dalla finestra il corso principale di Buonalbergo si presenta in tutto il suo splendore, il lastricato taglia in due il paese, fino a valle. Stendiamo il bucato sui fili della strada stretta e lasciamo che il vento caldo del Sud faccia la sua parte.

È festa, san Donato Vescovo e santa Lucia Vergine, due martiri cristiani per i quali in queste contrade è molto forte la devozione. La processione parte dalla piazza in cima al villaggio, sento le prime note, è la banda che fa le prove. I santi aspettano nella loro cappella, gli otto volontari della confraternita stanno dando le ultime disposizioni.

I miei amici hanno già raggiunto il centro del paese, mentre io mi attardo a parlare con gli *hospitaleri*, mi dicono che il borgo fa fatica nella sua ostinata voglia di sopravvivere. Quando l'estate chiude i battenti e vanno via i turisti, gli emigrati e i pellegrini, tutto viene avvolto da una coltre di terribile solitudine e nessuno osa più sedersi sull'uscio di casa.

Risalgo lungo il selciato e mi fermo a salutare la signora Vittoria, novant'anni, capelli ricci, carnagione chiara; le lentiggini contribuiscono a frastagliare la sua espressione, la pelle è morbida e il suo è uno sguardo astuto. Fa da sentinella sulla porta d'ingresso della sua casetta. Mi parla col suo dialetto che risente delle varie dominazioni dei secoli passati, dai Romani ai Sanniti, fino ai Normanni, ma parla correttamente anche l'italiano. I Normanni hanno lasciato tracce evidenti: i lineamenti di Vittoria sono tipici di una donna del Nord Europa e gli occhi sono ancora profondamente azzurri.

Mi chiede: «Da dove arrivi? Cosa ci fai a Buonalbergo». Dopo la mia risposta mi propone di fermarmi con lei; mi vede un po' impaziente, le dico che voglio raggiungere i miei amici. «Aspetta, stai qui...» insiste. Mi prende la mano destra e mi predispongo così ad ascoltarla.

«Ti devo raccontare una storia».

«Sono pronto».

«Avevo sedici anni, lavoravo in campagna, come tutte le mie amiche. Partivamo la mattina presto e andavamo in un campo a due ore di strada da qui. Tutti i giorni, anche il sabato. Ci piaceva perché lungo la strada cantavamo delle belle canzoni, ci davamo la mano a vicenda, ci sentivamo al sicuro. Rientravamo nel pomeriggio, prima che facesse buio».

«E i ragazzi che lavoro facevano?».

«Anche loro zappavano la terra».

Si ferma, prende un po' fiato mentre continua a stringermi la mano.

«Quando arrivava l'estate indossavamo abiti più leggeri e sudavamo molto. In cima al campo c'era una vasca dove andavamo a turno a risciacquarci...».

Mi prende l'altra mano.

«Un giorno, era luglio, mentre una di noi si stava rivestendo, vediamo arrivare tre ragazzi, non erano di qui. Il più grande cominciò a dire delle brutte parole e voleva fare cose sconce, era uno sporcaccione, si vedeva da come guardava la mia amica. Noi eravamo in sei, cominciammo a gridare, ma quello non ne voleva sentire, prese il braccio della mia amica perché voleva costringerla a... neanche riesco a dirlo...».

«Non importa, non è necessario...».

«Continuammo a gridare, quando a un tratto quello che stava dietro tutti – era il più giovane ma anche il più alto del gruppo – si avventò sul suo amico per dirgli di fermarsi che se no l'avrebbe ammazzato. Prese una grossa pietra e gli disse che gli avrebbe spaccato la testa. A quel punto il maniaco lasciò andare la mia amica; noi, spaventatissime, cominciammo a correre verso le nostre case. Non raccontammo nulla ai nostri genitori perché sarebbe successo il finimondo».

«Siete più ritornate in quel campo?».

«Mai più...con una scusa, per non fare insospettire i nostri genitori, dal giorno dopo andammo alle dipendenze di un'altra famiglia...tanto qui tutti avevano bisogno di manodopera...».

Si ferma, prende fiato e alza gli occhi al cielo.

«Dopo molti anni, c'era in corso la festa come oggi, arrivò in paese, con la moglie e due figliole, un signore alto, magro, capelli lisci e nerissimi. Lo incrociai uscendo dalla chiesa, lui mi guardò e mi sorrise. Rimasi immobile, bloccata nei miei pensieri. Non è bello che un uomo sposato sorrida a un'altra donna. Però mi piacque, sentii una forte scossa al cuore. Scappai, ancora una volta, ero disorientata».

«Perché, perché disorientata?».

«Perché avevo provato quel sentimento…».

«Ma il signore alto era…?».

«Sì era lui, quello che ci aveva salvate. Tutte siamo rimaste colpite dal suo gesto, poteva morire anche lui…».

«È stato coraggioso…».

«Sì, il suo coraggio mi ha fatto campare fino a oggi…».

«L'ha più rivisto?».

«No, ma tutti i giorni, ogni mattina appena mi sveglio faccio una preghiera per lui».

Sta piangendo, e io con lei.

La saluto con un bacio sulla guancia morbida, prima di ricongiungermi con i miei amici.

San Donato e santa Lucia aprono il corteo, poi il prete e i chierichetti. Le donne in doppia fila indiana e quindi i maschi, dagli anziani ai bambini. Un rito che si rinnova secondo un'antica tradizione, senza mai variazioni di sorta. Non ho voglia di seguire il flusso, vado controcorrente e risalgo verso la chiesa parrocchiale di San Nicola di Bari; ho bisogno di una preghiera, di scambiare due parole con Gesù, per chiedergli di aspettarmi a Gerusalemme, dove farò di tutto per arrivarci con i miei piedi.

I ventotto chilometri di oggi sono alle spalle, non sento la stanchezza. Fernanda e Antonio ci servono la cena vegetariana, l'orto in tavola: melanzane, zucchine e cipolle rosse; per sedare il fuoco divampato dopo avere sfiorato la crema di peperoncino afferro la brocca dell'acqua, non sono abituato a questi sapori forti. Anche il vino proviene da una vecchia vigna di famiglia, è aspro ma autentico.

Con noi a tavola siedono due ragazzi francesi, una coppia sui trent'anni: lui la protegge e le porge le pietanze con la delicatezza di un frate francescano, hanno la faccia scavata, stanno camminando da oltre un mese e anche loro sono diretti a Otranto.

Questa è la prima vera cena comunitaria, avevamo bisogno di un incontro sullo stile di Santiago. Avverto una nuova tensione positiva. Pino finalmente può esplodere nelle sue riflessioni "spirituali" e Antonio nei racconti e nei dettagli delle tappe dei giorni scorsi. Raffaele ascolta in silenzio, nonostante dovrebbe condurre la discussione essendo ancora in territorio di sua competenza, la Campania, che ben conosce, essendo nato a Castelcivita, un paesino al confine con la Basilicata.

Il cielo è stellato, fra tre giorni san Lorenzo ci aiuterà a raccogliere i nostri desideri. Dal balconcino semichiuso lasciamo entrare la luce del lampione con la musica e le melodie dei balli in onore dei santi martiri. Raffaele scrive su un quadernetto i suoi appunti.

La caviglia destra è dolorante, mi riporta a una storta rimediata stamattina in una risalita in agro di Paduli. Cerco di non pensarci, così chiudo gli occhi e mi lascio andare alla notte bonalberghese e alle parole di vita di Vittoria.

Shalom aleichem.

La casa del diavolo
(Buonalbergo – Celle San Vito)

Decidiamo di metterci in marcia che è ancora buio, abbiamo davanti trentotto chilometri. Consumiamo la colazione nella grande tavola imbandita, il latte bollente e la torta alla ricotta mi danno forza.

Guardo Raffaele, ho insistito perché continuasse con noi per ancora due tappe ma mi dice che non può. Più tardi prenderà la corriera per raggiungere Foggia e quindi Firenze, dove lo attende la sua famiglia. Domani partirà per il Trentino, ma so che mi mancherà. In questi giorni non abbiamo parlato molto, complici la durezza del Cammino e la necessità di far fronte agli imprevisti con gli strumenti del silenzio. Abbiamo comunicato con i gesti e anche con lo sguardo. Abbiamo alle spalle oltre trent'anni di esperienze condivise, anche se il Cammino è un versante del tutto nuovo per il quale occorre azzerarsi e mettersi in discussione, fin dal primo passo. «Metterai a fuoco molti momenti di questi giorni, penso li cercherai quando meno te l'aspetti»: nel sentire queste parole mi sorride pensieroso, quasi smarrito, felice di ritornare dai suoi ragazzi e allo stesso tempo triste e malinconico, non vorrebbe abbandonare il Cammino e la sua cordata.

Mi giro verso gli altri pellegrini, entrambi sono intenti a sistemare lo zaino, non vogliono incrociare i miei occhi, sento tuttavia la loro commozione, anche loro hanno insistito affinché Raffaele prolungasse il percorso. Quando qualcuno esce dal gruppo si crea un po' di lacerazione. Ognuno occupa un posto ben preciso, ciascuno lungo la marcia rende il Cammino ogni giorno più autentico, anche quando ci sono incomprensioni, come nei giorni scorsi. La sua partenza ci rende tristi.

Siamo usciti per primi, lui dovrà aspettare la corriera al centro della piazzetta.

Antonio ci ha raccomandato di riempire le borracce, lungo il percorso non sarà facile trovare delle fonti e neppure dei centri abitati.

All'uscita di Casarbore ci fermiamo davanti a una fontana, facciamo il pieno, beviamo come i cammelli, un po' ci portiamo avanti. Le frecce sono ben direzionate e stabili, anche quando nelle campagne di Monte Irpino attraversiamo un lungo torrente in secca. Io guido il gruppo, Pino è in piena forma, reagisce bene agli imprevisti e inizia a sentire l'aria di casa. Oggi lasciamo la Campania ed entriamo in territorio pugliese, in provincia di Foggia.

Per Celle San Vito mancano ancora dieci chilometri. Dopo l'uliveto una piantagione di tabacco, vengo attratto soprattutto dai capanni dove sono stese le foglie all'ingiù, per l'essicazione. Non sapevo di questa coltivazione. «Ah, il tabacco, ne parleremo...» mi dice Pino. Fino a qualche anno fa, a metà degli anni Ottanta, una legge imponeva al Monopolio statale di ritirare il prodotto disidratato, poi c'erano le ricche sovvenzioni dell'Unione Europea. Oggi non c'è più nulla, la coltivazione è crollata e resistono solo alcune piccole aziende che forniscono un prodotto di qualità. «Ti racconterò cosa c'è dietro questa coltura, ma quando saremo a Lecce, nelle mie zone». Pino parla sottovoce, non è ancora pronto a svelare un segreto che si tiene da anni.

All'ingresso del paese veniamo accolti da una fontana rigogliosa, acqua abbondante e fresca. È un momento di vera esaltazione, sentiamo la fatica allentarsi, ma non è finita, mancano ancora tre chilometri.

La pietra bianca fa un tutt'uno, strada e case, sembra di essere dentro un presepe dell'Alta Galilea. Avanziamo per raggiungere il nostro B&B.

Eccolo: è una struttura sospesa sul costone orientale del borgo. Vi è annesso un ristorante, l'unico di tutto il villaggio. Chiediamo di Luisa, la titolare. La intravediamo dietro al bancone del bar, è indaffarata e solo dopo dieci minuti riesce ad ascoltarci, mentre continua a dare disposizioni ai camerieri. Fa due telefonate, per poi dirci che non può accoglierci nella sua struttura a causa di un matrimonio che sarà celebrato nella giornata di domani; molti invitati hanno, infatti, deciso di iniziare la festa da stasera, d'altronde Celle è il paese più piccolo della Puglia, centottanta abitanti e collegamenti ridotti.

Ci sistema in una casa al centro del paese, una specie di scantinato. L'umidità si taglia col coltello e qua e là scorrazzano gli scarafaggi; siamo indecisi se rimanere, tuttavia, complice anche la festa nuziale, l'unica alternativa è la strada. Decidiamo di confermare lo scantinato.

In compenso riceviamo grande solidarietà e affetto dalle signore del vicinato che ci aiutano a organizzare il filo del bucato direttamente sulla via pubblica. Avrebbero voluto fare tutto loro, lavare e anche stirare le nostre magliette, ma accettano, quasi incredule, la nostra decisione: il bucato è un rito troppo importante per ogni pellegrino che si rispetti.

Siamo in attesa di andare a cena. Pino scrive sulla sua *moleskine* e Antonio, con le gambe all'insù, ascolta Andrea Bocelli.

Virginia, una signora minuta sugli ottant'anni, mi incrocia mentre esco dalla chiesa madre di San Vito, mi ferma e mi rivolge alcune domande: capisco poco, qui parlano una lingua francofona, sono minoranza linguistica riconosciuta dalla legge, però mi sforzo di cogliere il senso delle sue parole. Le chiedo di parlare lentamente.

Mi supplica di lasciare aperti gli scurini della finestra della casa dove alloggiamo, me lo raccomanda in tutti i modi. «Va bene – le dico – ma perché?».

«Quella casa è chiusa da trent'anni, più nessuno ci ha abitato…». Non ci faccio caso, molte case sono ormai disabitate da parecchi anni. I genitori muoiono e i figli emigrano verso altri lidi.

«In quella casa, proprio lì, c'è il demonio. È nascosto, non si fa vedere, ha paura della luce, anche di quella dei lampioni».

«Dai signora, il demonio no…».

«È nascosto là dentro, io lo so. Non chiudere le finestre, mi raccomando».

Mi chiedo perché le signore anziane trovino in me il loro confessore: chi per confidarmi un segreto dell'adolescenza, chi per trasferirmi l'angoscia della guerra e chi per mettermi in guardia dal diavolo.

Cerco di dirle che il male è solo nelle persone malvagie. Scuote la testa: «Il diavolo è in quella casa» insiste.

«Bene, saprò come comportarmi. Non ho paura del diavolo, anzi gli dirò che non c'è speranza per lui perché noi siamo in buona compagnia e siamo diretti a Otranto e poi, con l'aiuto di Dio, a Gerusalemme».

Coi suoi piccoli occhi, alza gli occhi al cielo, si fa il segno della croce e mi fa un augurio che non capisco, anche se percepisco tutta la luminosità delle sue parole. Mi viene spontaneo abbracciarla prima di raggiungere i miei amici per la cena.

Shalom aleichem.

Michele l'*hospitalero*
(Celle San Vito – Troia)

Scrivo dall'*Hospital* del Pellegrino, l'ostello gestito dalla cooperativa sociale presieduta da Michele, pioniere e pilastro, da oltre vent'anni, della Via Francigena in terra di Puglia. Con Michele ho parlato più volte al telefono prima di iniziare questo Cammino, trovando in lui grande disponibilità nei nostri confronti e soprattutto la voglia di curare ogni dettaglio del percorso. Lo conoscono in gran parte delle contrade attraversate dalla Via Francigena. Ha deciso di dedicare il suo tempo alla rinascita della rotta medievale. Barba lunga e sguardo accogliente, ascolta le tue richieste e si fa in quattro per esaudirle, ma è anche rigoroso ed esigente nei confronti di tutti gli operatori coinvolti nell'impresa.

Mi ha raccontato delle tante difficoltà nel promuovere e tutelare questo segmento della Via Francigena: sindaci indifferenti e operatori economici distratti. Poi i tanti atti di vandalismo: pare che in una notte siano stati divelti e sottratti ben trenta cartelli nel solo tratto tra Celle e Troia e sradicate alcune panchine installate per la sosta e il riposo dei pellegrini. «Ma noi non ci tiriamo indietro, rimetteremo le frecce e compreremo le nuove panchine», lo dice con il sorriso di chi nella vita ha conosciuto la cattiveria di pochi e la grandezza d'animo dei più, perché: «Il bene apre sempre nuove strade» commenta a bassa voce.

Siamo partiti da Fontanelle di Celle alle 8, dopo un'abbondante colazione. Abbiamo camminato per circa sei ore, tappa non molto impegnativa, ho ancora nelle gambe la notevole fatica di ieri. Dopo avere attraversato i campi arati alla periferia di Celle, abbiamo proseguito su una strada sterrata con lievi pendenze.

Ancora una volta sono stato sopraffatto dal calore inebriante della terra arsa dal sole e dalla sua durezza, che esprimono appieno la voglia di resistere, di fare i conti con l'avanzare dell'era digitale che tutto vuole e tutto ingiunge.

Mi sono fermato ai bordi del sentiero, ho impugnato una zolla, l'ho sentita calda, viva e paziente. Qui la terra è sempre stata generosa, ha costantemente subìto i colpi dell'aratro per garantire sostentamento, di stagione in stagione, soprattutto alle nuove generazioni che progressivamente, però, hanno preso altre strade. Oggi le campagne piangono il tradimento e l'abbandono.

Lo spopolamento avanza inesorabile anche in terra di Puglia; me lo ha confermato Andrea, un ragazzo che usa il grembiule bianco per servire dietro il bancone di un piccolo market, in una frazione prima di entrare a Troia. «La terra è magnanima» mi ha confidato «e regala prodotti di qualità, dagli ortaggi ai cereali». Mi sembra però che anche Andrea stia combattendo una battaglia dentro una guerra che appare ormai persa.

L'ostello qui a Troia è tutto per noi, non ci sono altri pellegrini. La struttura è molto bella, all'interno di un complesso storico tutelato dalle Belle Arti. L'ingresso è in condivisione con il Comando dei vigili urbani. Non riesco a riposare e decido di uscire per fare due passi. È caldo afoso, non c'è anima viva, procedo per le strade del centro, senza meta.

La cittadina è affascinante, una scoperta che mi lascia senza fiato. Raggiungo la cattedrale, il rosone è incassato sulla facciata bianca, pietra leccese, stile romanico-pugliese con influssi bizantini e musulmani, mi dirà Michele. Poi Palazzo d'Avalos, leggo il cartello con la descrizione e la sua storia. Nel cortile interno stanno predisponendo dei gazebo per un evento serale, mi piacerebbe visitare le numerose sale e le stanze di rappresentanza, ma non si può. Storia importante. Da Troia passavano i mercanti diretti a Foggia e provenienti dalla Campania lungo la via Traiana. Città di scambi e di cultura.

Alle 19 siamo di fronte alla trattoria. Quando entriamo non c'è nessuno, qui si cena più tardi ma la signora Marisa è ben felice di preparare per noi. Ci porta una caraffa d'acqua e un litro di *Nero di Troia*, rosso rubino intenso, vitigno autoctono del foggiano, una specie di marchio che identifica oltre i confini nazionali questo bellissimo territorio.

Appagati, conversiamo con i primi avventori, i più anziani parlano un dialetto che è una variante di quello dauno-irpino.

«Paese che vai dialetto che trovi» osserva Antonio.

«Accontentiamoci del suono delle parole, del loro ritmo…» aggiungo.

Il montanaro mi guarda con i suoi occhi teneri dentro i lineamenti rudi di una barba sempre più irregolare. A Pino il compito di riannodare i fili della nostra conversazione di fine tappa.

Shalom aleichem.

Il Salento
(Troia – Castelluccio dei Sauri – Brindisi)

Abbiamo davanti una giornata molto intensa, ben oltre il Cammino. Le temperature stanno risalendo, fino a Ferragosto sono previsti picchi di trentasette gradi.

Alle 5 siamo già in strada, ieri sera abbiamo fatto le cose per bene, preparato lo zaino e sistemato il grande camerone dell'ostello. Ci siamo anche preoccupati di trovare un luogo per la colazione. A pochi passi dal nostro riparo c'è un'ottima pasticceria che sforna anche il pane per tutta la cittadina, apre alle 4 ed è il punto di ritrovo per chi inizia presto a lavorare nei campi o nell'edilizia.

Ci presentiamo per primi, man mano ci raggiungono operai e camionisti. Stefania, una ragazza sui venticinque anni, graziosa e gentile, ci mette in riga, ricordando a tutti noi le regole del luogo che ci sta dando ristoro e invitandoci a ordinare dalla lista senza perdere troppo tempo: latte bollente e brioches rustiche fumanti, che delizia! Poi un sorriso prima di ripartire.

È ancora buio. Per Castelluccio dei Sauri non troveremo le frecce, dovremo attraversare dei campi di grano e poi immetterci sulla statale che va verso Foggia.

Alle 14 raggiungiamo Castelluccio con maglietta e piedi bagnati. Due vesciche, terrore dei miei passi. Mi siedo su un muraglione prima di risalire verso la piazza centrale.

Siamo in cima, dall'alto si domina la bassa valle del Cervaro. Entriamo nella chiesa di San Gerardo, il santo delle mamme e dei bambini; la mia attenzione è attirata da una scritta sul muro laterale, un idioma che non conosco. Procediamo, ancora un'altra scritta, faccio una veloce ricerca e scopro che si tratta della lingua albanese. Pare che nel 1450 una sessantina di famiglie originarie dell'Albania introdusse il culto greco-bizantino. Mi dicono che ancora oggi sia molto alta la presenza di artigiani e contadini provenienti dall'altra parte dell'Adriatico. Il flusso migratorio continua.

Michele ci è venuto incontro, con lui lasciamo Castelluccio e raggiungiamo Foggia.

L'impatto con la grande città è negativo. I palazzi della periferia ovest presentano i segni del degrado, il traffico è caotico. Mi sento sballottato, quasi rifiutato. I grandi agglomerati ti negano la tenerezza e non si pongono il problema di accoglierti. Questi centri urbani non sono stati progettati per chi vi arriva a piedi, i lunghi rettilinei sono solo per le auto e le moto, e invitano alle alte velocità per non guardarsi intorno.

Raggiungiamo la stazione, alle 16 il treno per Brindisi. Entriamo in Salento, una delle regioni più belle d'Italia. Non vedo l'ora di immergermi nei suoi profumi e nei suoi misteri. Il Tavoliere sarà il teatro del nostro Cammino nei prossimi giorni.

Brindisi ci accoglie con un leggero vento di Tramontana, l'aria è più fresca, tutto mi sembra di una grazia particolare.

«Ora inizia il bello. È la prima volta che attraverso a piedi la mia regione, mi sembra di volare, quasi fosse un sogno...».

«Lo è, Pino, il Cammino ci fa sognare anche da svegli...».

«Ma quale sogno! Ho due vesciche da svuotare: preparati che prima di andare a dormire sei di turno in infermeria». Il montanaro ci riporta alla polvere della strada.

Dopo cena mi abbandono all'orizzonte delle acque del porto e ripercorro i miei anni: da questa città, nel 1979, salii per la prima volta su un aereo per fare rientro in Sardegna, frequentavo il liceo, c'era stato un convegno dove si commemorava la figura di Aldo Moro, morto ammazzato dalle Brigate Rosse l'anno prima.

Dal mare arriva la salsedine che s'incrocia con il profumo del fritto proveniente dalle locande alle mie spalle, mi lascio trasportare come un gabbiano che segue le nuove rotte. La mia mi porta a Otranto e poi a Gerusalemme, dove Gesù mi ha dato appuntamento.

Shalom aleichem.

Disidratati
(Brindisi – Torchiarolo)

Dobbiamo raggiungere Torchiarolo, circa trenta chilometri. Procediamo verso sud, in città non troviamo indicazioni. La Protezione Civile ha diffuso un allarme meteo: alle 12 sono previste temperature prossime ai quaranta gradi.

Brindisi è alle nostre spalle. Il sole rovente non ci consente di parlare. Anche le parole vanno centellinate. Oggi è più dura del solito. Per fortuna fino a Otranto tutto il percorso sarà in pianura, ma anche in totale assenza d'acqua, poiché il territorio del Salento soffre la siccità. Non troviamo fontane e anche quelle dislocate all'interno dei centri abitati sono a secco. È meglio raccogliere le idee e rimanere concentrati.

Mi porto dentro tutto il fascino della città di Brindisi e della sua baia, lo sbocco principale verso Oriente fin dai tempi dei Romani. Ieri sera prima di sederci a tavola abbiamo percorso un pezzo della via Appia che qui si è conservata integra, come lungo la prima tappa di questo Cammino, tra Roma e Castel Gandolfo. Quello di Brindisi è stato il porto più importante nel periodo di massimo splendore di Roma. Anche i Normanni pare abbiano molto investito su questa città, prima di cedere il passo ai Veneziani che qui posarono le loro tende, padroni come erano dei commerci verso Levante.

Comincio a sentire il richiamo della Terra Santa. Lungo il percorso troviamo i segni dei Crociati che da qui, prima di imbarcarsi per Akko, cominciavano a segnare e presidiare il territorio contro gli *infedeli*. Avremmo voluto visitare la chiesa di San Giovanni al Sepolcro se non fosse che, non essendo aperta al culto, ci dicono sia visitabile solo previa prenotazione, insomma un po' complicato rispetto ai tempi e alle scadenze delle nostre giornate in strada. Leggiamo che fu eretta da un monaco templare di ritorno da una crociata e ispirata al modello circolare del Santo Sepolcro di Gerusalemme, dove sono diretto. Sopravvisse al terribile terremoto del 1761, quando gran parte degli edifici cadde sotto la violenza delle scosse.

Ci fermiamo per un'altra medicazione, le vesciche ci impongono uno stop prolungato. I piedi respirano, il vento di Tramontana, "la signora", ci regala il meritato sollievo. Chiamo Pino che è rimasto indietro, il telefono squilla a vuoto, insisto. Un po' mi preoccupo. Antonio mi dice che si sarebbe fermato all'ombra di un *Trullo* per medicare i piedi, anche lui alle prese con due brutte vesciche. Riprovo, finalmente mi risponde. Non riesce ad avanzare, proverà a chiedere un passaggio lungo la strada litoranea dove ha fatto sosta. Ripartiamo.

L'acqua scarseggia. Stiamo attraversando un lungo uliveto, cominciamo a vedere i segni della *Xilella*, il terribile batterio che sta dissecando gran parte degli ulivi secolari e quindi desertificando la terra di Salento. Leggo la sofferenza intorno a me. Vedo la morte che si impone in tutta la sua devastante realtà. Abbasso la testa per non lasciarmi prendere dalla tristezza.

All'incrocio, tra *cardo e decumano*, ci fermiamo per ammirare una lunga macchia verde: sulla sinistra si apre un rigoglioso vigneto, che ospita, se la mia cultura vitivinicola non mi tradisce, il "Primitivo", un vitigno a bacca rossa che esprime l'anima profonda della Puglia. Una pianta simile è coltivata anche nella lontana California e in Croazia, ma i miei amici leccesi mi dicono che il confronto non regge, il vino di queste zone non ha eguali. Mentre Antonio avanza, io mi fermo e slaccio lo zaino, i grappoli sono già avanti, l'uva matura precocemente, da qui il nome "Primitivo"; mi piace accarezzare la piccola pianta, poi le foglie e quindi il frutto. Riconosco la mano ferma e ruvida del vignaio, le sue fatiche e le sue ansie. La campagna regala soddisfazioni ma riserva anche brutte sorprese, non tutto va sempre per il verso giusto.

Intanto Pino mi scrive un messaggio, è riuscito a trovare un passaggio e ci aspetta all'ingresso di Torchiarolo. Secondo i nostri calcoli mancano ancora otto chilometri. Anche Antonio soffre, lo vedo affaticato, respiro pesante, lo trovo accasciato su un muretto a secco, immobile come un automa ad aspettarmi dopo l'ultima sosta. Riprendiamo a camminare uno a fianco all'altro, procediamo a stretto contatto, abbiamo esaurito la scorta d'acqua. Decidiamo di camminare mantenendo costante il ritmo.

Dopo più di un'ora leggiamo una prima insegna, il paese sembra essere vicino, ma non vediamo case, non sentiamo rumori, non incrociamo animali. Forza, dobbiamo andare.

Avverto la bocca secca, cerco di deglutire per far circolare la saliva ma la gola è irritata, non devo più asciugare il sudore, anche le calze le avverto ruvide come la carta vetrata. La vista è un po' appannata, chiedo ad Antonio di rallentare, non riesco a tenere il passo, ho una sete spaventosa. Mi sorregge, slego lo zaino e mi siedo su una pietra, mi sembra di perdere conoscenza. Antonio vuole chiamare Pino per chiedergli di allertare qualcuno e venire a prenderci. Gli dico di aspettare, penso di farcela. Riprendiamo la marcia.

Nonostante il sole incandescente, vengo sballottato da un vento martellante e gelido che trapassa la maglietta; Antonio è davanti a me, alza lo sguardo, si toglie gli occhiali scuri e riesce a leggere l'insegna: "Bar Pasticceria". È l'ingresso del borgo, manca veramente poco, ancora un ultimo sforzo. Ci trasciniamo come due reduci dai campi di prigionia.

Quando arriviamo a ridosso del bar, le gambe non rispondono più ai comandi; slaccio lo zaino e cerco di oltrepassare la porta di accesso, faccio fatica, poi vengo travolto da un improvviso flusso di aria polare sparata da due potenti *fan coil*, mi fermo, ricupero il *pile* e finalmente, con Antonio, riesco a entrare nella nostra oasi.

Ci viene incontro un ragazzo, mi sembra magrissimo, è un angelo venuto dal cielo a salvarci. È Roberto, il barista, ci vede barcollare, è preoccupato, capisce la situazione e prontamente ci mette a disposizione un boccione d'acqua da venti litri, bevo come un forsennato, almeno sette bicchieri, uno dopo l'altro, infine mi lascio andare, stremato, sulla prima sedia al riparo dall'aria condizionata. Antonio fa altrettanto.

Dopo mezz'ora ci riprendiamo, ringraziamo Roberto e usciamo, raggiungiamo Pino che si trova in una locanda al centro del paese e chiamiamo la signora Rosanna che, con suo marito, viene ad aprirci il portone della scuola materna San Giuseppe, il ricovero dove passeremo la notte.

Non ci sono più bambini, anche se sulle pareti sono rimasti i loro disegni; ora la struttura è destinata a dare alloggio ai pellegrini e ai gruppi religiosi che si ritrovano per le loro esperienze associative. Tutto questo mi fa riflettere: a causa della grave situazione economica le giovani coppie non fanno più figli, così le comunità sono destinate a estinguersi lentamente.

«Fratello, oggi ce la siamo vista brutta» osserva Antonio mentre, seduti su un muretto, ascoltiamo le nostre canzoni.

«Abbiamo forzato, dobbiamo stare più attenti» aggiungo con voce velata.

«Però non ho avuto paura, sai? Quando procedo con te mi sembra che il pericolo sia altrove... con tutti i Cammini che hai alle spalle poi!».

«No, no, ogni Cammino ha le sue insidie».

«Nessuno potrà fermarci...ti voglio bene Menneddu».

«Anch'io, vecchio montanaro!».

Menneddu, così mi chiamavano gli amici del Trezzi quando scendevo in campo per difendere i colori della "Cardinal's", la squadra di calcio dei nostri mitici tornei universitari.

Torchiarolo ci ha ricordato quanto sia importante l'acqua e quanto dobbiamo avere cura di non sprecarla, per nessuna ragione al mondo.

Shalom aleichem.

La rinascita
(Torchiarolo – Lecce)

La rinascita fa parte del Cammino, è un'esperienza che va oltre la tua stessa capacità di pianificare i movimenti del corpo, a volte supera i tuoi propositi e s'impone anche nei momenti in cui la stessa speranza sembra abbandonarti. Si presenta all'alba, dandoti la sveglia, e ti accoglie con un sorriso, ti lascia senza parole, reagisci incredulo, rispondi con una certa dose di cautela. Ti chiede un gesto di fiducia, ti accarezza il viso e ti accompagna nei primi passi quando lasci il letto. Sembra dirti: «È tutto passato, sei rimesso a nuovo, non avere paura…».

Mi sono alzato che era ancora buio, ho ascoltato il respiro dei miei compagni e poi ho provato a fare alcuni esercizi di allungamento dei muscoli. Tutto rispondeva in modo naturale, anzi mi sembrava di avere dormito almeno dieci ore.

Quasi incredulo della mia ritrovata condizione fisica e mentale, ho cercato la prima luce dell'alba. È un nuovo giorno. Ieri sera non riuscivo a prendere sonno, mi sentivo rotto in ogni parte del corpo ed ero anche in una condizione di fragilità emotiva, preoccupato per quanto successo all'ingresso del paese.

La rinascita arriva come una stella inaspettata dopo un temporale: ti prende per mano, come i bambini che, quando si perdono nei meandri del loro Cammino, vanno sostenuti e incitati, spronati, incoraggiati e poi lasciati ai loro propositi.

E il mio proposito è quello di arrivare a Lecce, la capitale del Salento. Oggi è giornata speciale: sento parlare di questa città dai tempi dell'università, fa parte un po' del mio bagaglio dei ricordi, del mio immaginario, uno di quei luoghi che ho dipinto nella mente, immaginato attraverso i racconti delle scorribande giovanili della "banda" milanese, trapiantata dai vari villaggi di questo splendido Salento. Ho aspettato trent'anni, ora è arrivato il grande momento e mi emoziona arrivarci a piedi.

Eccomi allora per strada. Sono le 4:30, l'alba tarderà. Con gli altri pellegrini c'è un momento di indecisione, Pino non sa ancora se sarà in grado di fare tutta la tappa, ci proverà, ma zoppica vistosamente. Verifico le sue vesciche e mi accorgo che quella del piede sinistro è andata in profondità. «Non puoi rischiare» gli dico, «forse dovrai saltare». Si rabbuia, sta attraversando la sua terra, è a due passi da casa sua, vuole arrivarci a testa alta. Non insisto, e poi non me la sento di lasciarlo da solo a Torchiarolo. Aspettiamo ancora un po', si slaccia la scarpa e fa qualche passo. «Andiamo».

Sono carico, rinato, rinvigorito. Saranno stati i disegni dei bambini in cima al letto, le loro voci che mi risuonavano nel cuore della notte, sarà il calore di questa terra arsa dal sole, sarà la vicinanza alla prima meta di questo Cammino, sta di fatto che oggi sono rifiorito, pronto a fare i conti con la polvere, fino all'ingresso nella grande città d'arte.

Lasciamo il borgo, le frecce sono ben disposte, ci tranquillizza il fatto di sentirci guidati. Il sole sorge alla nostra sinistra. Percorriamo un lungo tratto di strada sterrata, tra due muretti a secco; da una parte all'altra vedo spuntare, come funghi, i gloriosi *trulli* che richiamano un po' i *nuraghi* della mia Sardegna.

Mi fermo, mi piace toccare la pietra a secco, tipica pietra bianca leccese, con cui sono costruiti. Hanno la forma conica, Pino mi dice che ce ne sono tanti lungo il Tavoliere, servivano quale ricovero per i contadini e anche come deposito degli attrezzi di campagna. Molti sono in disuso e abbandonati. Ho una strana sensazione: mi sembra che siano abitati da persone appartenenti a un'altra era, mi aspetto che da un momento all'altro qualcuno si affacci per un saluto, mi piacerebbe parlarci, sapere come vivono la loro resistenza, come vedono il nostro mondo, ma non avvisto e non sento nessuno.

Lascio lo zaino ed entro. L'erba cresce alta, qua e là sterco di animali, fazzolettini e anche qualche preservativo in decomposizione. Faccio due fotografie ed esco, Antonio è andato avanti, Pino continua a zoppicare. Ripartiamo.

A Surbo incrociamo la via Traiana Calabra, che per molti tratti si sovrappone al nostro percorso. Ancora cambio calze, Pino getta la spugna, non è in grado di procedere oltre. Raggiungiamo la strada statale dove troviamo la fermata di un autobus per Lecce.

Dopo avere lasciato Pino in attesa della corriera, con Antonio riprendo il Cammino lungo un percorso naturalistico all'ombra degli ulivi, in gran parte colpiti dalla *Xilella*, ancora una pugnalata. La terra sanguina, la sua storia è in pericolo.

Non troviamo corsi d'acqua, la terra sotto i nostri piedi è di un rosso intenso, mi chiedo come possa esserlo. In realtà il terreno è carsico con innumerevoli inghiottitoi, dei veri e propri depositi naturali in grado di richiamare le acque piovane e di conservarle per la lunga stagione della siccità.

Alle 13, in silenzio, raggiungiamo la periferia di Lecce, trentotto gradi. Attraversiamo il quartiere Santa Rosa e poi, dopo una rotonda molto pericolosa, entriamo nella zona universitaria. I ragazzi sono ben vestiti, i lineamenti delicati, hanno tutti un'aria spensierata. Questo è il tempo della vacanza, nulla può infrangere l'euforia di una giornata di festa. Entriamo in un bar, è curato in tutti i suoi particolari, l'arredo è moderno, i quadri sono di fine Ottocento con le cornici originali e poi tanti libri sugli scaffali e sui tavolini, un invito alla lettura. Una sensazione inaspettata, un impatto ricco di suggestioni.

Siamo sudatissimi, la faccia scavata dal sole e le scarpe inzuppate di terra rossa. Ci sentiamo fuori luogo. Qualcuno cambia posto, due ragazze del tavolino a fianco decidono di trasferirsi al bancone, una bambina è attratta dal colore del mio zaino, un rosso brillante, mi guarda, è molto incuriosita. Suo papà le prende la mano e la richiama a sé, un istinto di protezione rispetto a questi due malcapitati con la barba incolta. Ma l'abito non fa il monaco, accidenti!

Pino ci aspetta in piazza Oronzo, in centro, a due passi dall'anfiteatro romano, dove c'è il nostro ostello. Siamo al piano alto, dominiamo la città. Doccia, bucato e siamo pronti all'incontro con il barocco leccese.

Esco e faccio un primo giro intorno alla piazza. È un'esplosione di bianco, tra il sole e la pietra, un calcare tenero e compatto che si sviluppa dai blocchi del selciato fino ai grandi palazzi e alle chiese, colori caldi e dorati. Ho la sensazione di essere immerso in un tempo remoto e vivo, plasmato e accolto in questo Sud così pensieroso ed evoluto ma anche tenacemente radicato al suo passato.

Quando è sera, attraversiamo il corso principale e riusciamo a entrare nella cattedrale; Davide ci aveva raccomandato di arrivarci con calma, ma sta per chiudere, appena in tempo per una veloce preghiera.

La città è in festa. Tutto è accudito, respiro armonia e avverto che nulla è lasciato al caso. Nel 2015 Lecce è stata capitale italiana della cultura, poi finalista nel 2019, in concorrenza con Matera, per ripetere l'esperienza in Europa. Al piano terra dei palazzi ammiro le tante vetrine di antiquariato, librerie ed esposizioni di quadri. L'arte è viva. L'università è di primo livello, la seconda per importanza, dopo Bari. Registro emozioni.

Dopo cena, sulla strada del rientro in ostello, procediamo spensierati, io ho voglia di camminare scalzo ma non posso, devo tutelare i piedi ed evitare che le vesciche degenerino.

Mai come in questo posto ho sentito l'esigenza del contatto fisico. Mi vengono spontanee tante domande, associo i miei pensieri ai tanti particolari che compongono la grande tela di questa città. Mi lascio andare a una promessa: ritornerò, riconoscente, per continuare il dialogo, sapendo che troverò risposte importanti. Lo sento.

Shalom aleichem.

Mescia Giovannina
(Lecce – Martano – Collepasso)

Siamo a Collepasso, nel cuore del Salento, nella *masseria* di Pino dove passeremo la notte.

C'è molto fermento, Pino non sta nella pelle, è agitato, entra ed esce dalla casa, verifica gli impianti e apre le finestre. Lo osservo, mi fa molta tenerezza. Vuole che ci sediamo all'ombra del pergolato, prima di iniziare le operazioni di fine tappa ha bisogno di parlarci, di raccontarci il segreto del tabacco, la storia di questo luogo. Eccola.

«Siamo nel mese di giugno… 1975. Ero andato a dormire da poche ore, erano le 4 del mattino. A un certo punto irruppe una voce nella mia stanza: "Svegliati, è ora", con una fugace carezza. Era quella di mia mamma, aveva sempre fretta. Tutti la chiamavano *mescia*, che vuol dire maestra, per il fatto che aveva fatto la sarta fin da giovane e aveva insegnato il mestiere a molte ragazze del paese.

"Non tardare, siamo già tutti pronti", ancora lei, dopo solo cinque minuti.

"Come te lo devo dire, tirati su e, ricordati, da stasera dovrai rincasare presto come tutti i cristiani del paese", me lo disse accendendo nervosamente la luce e spalancando la finestra. Il tono era diventato minaccioso, dopotutto era sua la responsabilità di questo piccolo opificio. Quella voce per me era quasi un tormento, avrei voluto mimetizzarmi con il letto e scomparire, sottrarmi ai lavori forzati, soprattutto dopo sole due ore di sonno.

"Ora mi alzo... però, giuro, è l'ultima volta, rompo i rapporti con tutti, me ne vado via, da un'altra parte, non ne posso più", pensai.

Un ultimo, deciso richiamo con voce acuta e piglio da capo reparto, nonostante mamma Giovannina fosse una donna minuta e sempre attenta alle esigenze degli altri; il fatto è che non aveva alternative, il tabacco aveva i suoi tempi, come tutta la vita delle campagne d'altronde».

«Quindi ti alzasti?».

«Sì, mi alzai, corsi in bagno, mi sciacquai la faccia, cominciai a gridare contro tutti e poi a correre in mezzo ai campi circostanti. Inveivo contro gli ispettori dei Monopoli che venivano a controllare le piantagioni anche nella fase della raccolta delle foglie, poi contro mio fratello Antonio che faceva resistenza silenziosa e infine contro il mio povero papà, *mesciu* Pietro, piccolo impresario edile che prima di iniziare nel cantiere dava una mano anche nella tabaccheria. La famiglia cresceva e anche le necessità economiche. In qualche modo, tutta la famiglia era stata costretta a buttarsi nella coltivazione del tabacco».

«Come reagirono, soprattutto tua mamma?».

«Rimasero tutti in silenzio, mia mamma credo si aspettasse questa mia reazione. Corsi nel buio, da qui dove ci troviamo fino al centro di Collepasso, sono solo tre chilometri. Lungo la strada sterrata incontrai i contadini che, a cavallo, raggiungevano gli altri magazzini per la lavorazione delle foglie di nicotina. Correvo e gridavo il mio malessere, ma il mio non era un atto d'accusa alla mia famiglia, né al mio villaggio, era piuttosto una forma di ribellione a un sistema che mi opprimeva e non mi offriva alcuna via d'uscita. Sentivo tutta l'arroganza di quegli ispettori dei Monopoli e mi irritava, perché avevo intuito che i veri guadagni erano in gran parte destinati a loro, i veri privilegiati di tutta la filiera ... peraltro non rischiavano nulla e men che meno si alzavano alle 4 del mattino».

«Quanto durava tutta la lavorazione?».

«La coltivazione del tabacco iniziava a fine gennaio. I concessionari dei Monopoli fornivano alle famiglie dei coltivatori i semi coi quali provvedevano a impiantare i semenzai, delle piccole serre dove venivano fatte crescere le piantine, al riparo dalle escursioni termiche e dalle precipitazioni. A marzo le piantine venivano piantumate, sempre sotto il ferreo controllo degli ispettori e finalmente a giugno iniziava la raccolta. Avveniva nel cuore della notte, non oltre le 4, perché più tardi il sole avrebbe accartocciato le foglie complicando le operazioni di raccolta. Le foglie venivano quindi cucite con un grosso spadino (la *coceddha*) e sistemate nei telaietti a essiccare...».

Il racconto di Pino si fa malinconico. Ricordare quegli anni significa anche riaprire vecchie ferite.

«Per me fu una scelta dolorosa, una fuga, non avevo alternative».

«Potevi prendere in mano la situazione, diventare tu il capo dell'opificio...».

«No, Antonello, non c'erano più prospettive. Sentivo dire dai miei genitori, a bassa voce, che di anno in anno il guadagno diminuiva, mentre il rischio e i costi non facevano che aumentare».

In effetti, dopo qualche anno dalla fuga di Pino verso la grande città, la coltivazione del tabacco subì un definitivo tracollo. In Salento, nel dopoguerra, si contarono più di quattrocento magazzini, almeno fino all'attacco della peronospora dei primi anni Sessanta.

La masseria è rimasta intatta, esattamente come la lasciò in quel lontano giugno 1975. Ora, il fratello Antonio tutto intorno ha piantato alberi da frutta, poi ortaggi, pomodori e ogni arbusto cresce in modo rigoglioso.

«Questo è il mio letto, stessa branda e stesso materasso. Tu dormirai qui...» si commuove quando me lo assegna.

Provo a stendermi, un po' mi sento sprofondare, chiudo gli occhi per risentire la voce della signora Giovannina, il respiro affannato del suo figliolo, il buio e la stella che lo guidò nella sua fuga verso il centro di Collepasso.

Mi lascio andare e mi addormento come un sasso, dormo profondamente per due ore consecutive. Avverto sapore di casa, mi sento parte di questo piccolo edificio e della sua storia. Sono felice di ritornare dentro il filo della memoria. La storia di Pino è la storia di molti giovani del Sud che, col cuore spezzato, hanno fatto rotta a Nord, in cerca di nuova vita.

Ma tutto si compone e tutto ritrova il suo giusto ritmo se sai ascoltare la terra e rimetterti in strada.

Oggi abbiamo lasciato Lecce alle prime luci dell'alba, appesantiti dall'abbondante cena di ieri sera. Abbiamo attraversato la frazione di Lizzanello, dove ha casa Giuseppe, un caro amico della "cordata del Trezzi" a Milano. Volevamo buttarlo giù dal letto ma ci siamo fatti prendere da compassione e siamo andati oltre, erano le 7.

A metà mattina abbiamo fatto sosta ad Acaya, un borgo fortificato fin dai tempi della *Magna Grecia*. Le mura spesse di un piccolo *bazar* mi hanno fatto sentire la gioia del fresco come nella vecchia casa cantoniera, dove ho vissuto nei giorni dell'infanzia. La memoria passa e si ferma nel ricordo di piccoli momenti di grazia. Ho bevuto una limonata assaporando il profumo di quel periodo in cui tutto era amore e spensieratezza.

Trentasei gradi, anche se il vento di Tramontana rende sopportabile il sole.

Sotto il pergolato va in scena la grande cena di famiglia, Imma e Arianna, Antonio, Andrea e Gessica, Anna e Claudio: tutti uniti in un luogo speciale, la "masseria Litta", teatro di duro lavoro e ribellioni, ma anche di grandi affetti e speciale tenerezza, sotto l'egida di *mescia* Giovannina e di suo marito Pietro, ancora oggi presenti dal Cielo, gli Angeli che sanno indicare la strada e offrire il giusto supporto.

Domani Otranto, la tappa finale in territorio italiano prima di riprendere il Cammino verso Gerusalemme, dove ho un appuntamento con il Nazareno.

Shalom aleichem.

I Martiri
(Collepasso – Otranto)

Sono in dormiveglia, la voce della signora Giovannina è dolce, riconosco le sue carezze, la sua premura che dà pienezza alla nuova giornata, come sanno fare le mamme, anche dal Cielo.

«Antonello, svegliati, i santi Martiri ti stanno aspettando a Otranto».

Mi sento in splendida forma, anche Antonio è pronto per la grande tappa, Pino invece è sofferente, da due giorni le vesciche gli hanno rallentato il passo. È indeciso, zoppica vistosamente, cerca il mio conforto e la mia approvazione. So che con i piedi scavati è molto difficile affrontare la strada. Non parliamo. Il profumo del caffè si diffonde in tutta la masseria, dalla porticina arriva il fresco dell'alba che sopravanza. Chiudo lo zaino, con la tazzina mi affaccio sul pergolato, l'orizzonte comincia a colorarsi di rosso, il sole annuncia la sua presenza. Oltrepasso la rete che delimita l'orto e mi avventuro in mezzo ai campi dove un tempo, rigogliose, crescevano le foglie di tabacco. Pino mi segue ma rimane a distanza a osservare i miei passi.

È quasi l'ora. Vogliamo arrivare a Otranto per le 11, partecipare alla messa, oggi è festa grande, oggi è il 14 agosto.

Tre litri d'acqua dovrebbero garantirci il percorso, non possiamo correre rischi.

Ripartiamo da Cannole, venticinque chilometri ci separano dalla cattedrale. Ancora silenzio fra di noi, è in forse la presenza di Pino. Ci guardiamo per la decisione finale, aspetta un mio gesto di assenso, gli arriva. «Proviamo, con i sandali dovresti farcela». Sarà dei nostri.

Il passo è deciso: quando senti la meta alla tua portata vai spedito come un pesce, anche se devi rallentare e aspettare il compagno pellegrino che avanza a fatica.

Alle 11 siamo ancora in mezzo a un fitto bosco di faggi, le frecce ci fanno fare un doppio giro, ci sembra di stare dentro un labirinto, ci sentiamo un po' smarriti. Abbiamo perso la messa, mi dispiace, il grande appuntamento è saltato, però so che Gesù e i santi Martiri ci aspettano comunque in cattedrale.

Proviamo a forzare ancora il passo. Dopo una lunga discesa a ridosso di un uliveto, intravediamo alcune case bianche e financo il mare. Solo un chilometro ci separa ormai dall'ingresso a *Utràntu*, avanziamo spediti. Superiamo un cavalcavia e poi un ponte su un ruscello senz'acqua. Svoltiamo a destra e finalmente entriamo nel cuore della città.

È l'emozione che dà energia ai nostri passi. Procediamo controcorrente: preti, monsignori, signore in abito da cerimonia, adulti in giacca e cravatta e ragazzi ci vengono incontro, ci guardano e ci sorridono, ci spronano, ci invitano a fare l'ultimo pezzo senza paura. La salita è importante, la cattedrale è in cima. I turisti si attardano nei negozietti dove vendono i souvenir, i bar cominciano a servire gli aperitivi. A mano a mano che saliamo la baia si presenta in tutto il suo splendore, il mare è smeraldo, i bambini giocano e fanno il bagno.

Ci siamo. Raffaella è venuta ad accoglierci, è arrivata da Treviso per condividere con noi questo appuntamento con i Martiri. Ci guarda da lontano, ammirata dal nostro passo deciso, felice e orgogliosa del suo Antonio.

Facciamo il giro da dietro, oltrepassiamo una viuzza senza sole e poi, all'improvviso, eccoci finalmente di fronte alla grande cattedrale. Piangiamo dalla gioia, ci stringiamo in un unico abbraccio, ci guardiamo senza dire una sola parola, ma non abbiamo ancora fatto la cosa più importante: entrare in chiesa e pregare ai piedi delle reliquie dei Martiri.

Ci presentiamo all'ingresso della chiesa, il sacrestano sta negando l'accesso ai turisti. Ci facciamo strada e lo imploriamo di lasciarci entrare, gli diciamo che siamo partiti da Roma con l'obiettivo di varcare la porta della cattedrale, almeno per una preghiera. I turisti al nostro fianco capiscono e si fanno da parte, il piccolo commesso si fa prendere anche lui dalla commozione, non esita un minuto di più e ci spalanca il portone.

Siamo noi e i santi nel silenzio della grande chiesa. Lasciamo gli zaini e camminiamo fino a raggiungere l'altare e poi la cappella dove sono custodite le ossa degli eroi cristiani.

Mi lascio andare, gli addetti non ci mettono fretta. Partecipano con noi alla grande emozione che viene dalla fede. Risento, per un attimo, il fragore dei cannoni di quel lontano luglio 1480, quando i Saraceni, quasi ventimila, si presentarono sotto le mura di questa città per espugnarla.

Rivedo lo sguardo di terrore dei bambini e dei loro padri che cercarono di resistere prima di cadere sotto il fuoco dei Turchi Ottomani. Fu una strage, una delle più cruente della storia conosciuta. Dopo quindici giorni di assedio il capo dei Saraceni ordinò l'attacco finale, durante il quale riuscì a sfondare le difese e a espugnare anche il castello. Furono trucidati tutti i maschi sopra i quindici anni e ridotti in schiavitù le donne e i bambini. I superstiti si rifugiarono nella cattedrale a pregare e a quel punto il capo ordinò loro di rinnegare la fede cristiana, ma la reazione fu perentoria: mai e poi mai avrebbero sposato la fede musulmana. Fu così che sfondò il portone, irruppe con i suoi uomini nella cattedrale e li catturò. Furono uccisi quasi tutti, mentre la chiesa, in segno di spregio, fu ridotta a stalla per i cavalli.

Non pago di tanto sangue, il 14 agosto, Gedik Ahmet Pascià, il gran capo dei carnefici, ordinò di legare gli ultimi 813 superstiti e di portarli nel vicino colle della Minerva. Li fece decapitare davanti agli occhi dei parenti, costretti ad assistere all'esecuzione. Antonio Primaldo, il capo dei resistenti, fu il primo a essere decapitato, ma il suo corpo rimase eretto fino a quando l'ultimo degli otrantini non fu martirizzato.

Piango e allungo le mani, quasi a voler toccare le ossa di questi amici per i quali l'ammirazione è infinita: avrebbero potuto salvarsi se solo avessero accettato di rinnegare la fede cristiana. Piango e chiedo loro di avere un po' di compassione per me, sento tutta la mia inadeguatezza, la mia pochezza, i miei limiti. Non hanno risposto con la violenza ma con la resistenza viva, hanno saputo abbandonarsi al destino della *Vita Nuova*, sorretti da una fede che prima di tutto è luce, forza, energia.

Quando esco dalla basilica mi sento leggero e un po'
svuotato. L'arciprete ci ha accompagnato nella visita finale, il
timbro della cattedrale è ora sulla nostra credenziale.

Antonio vuole parlarmi.

«Grazie fratello, una nuova meta, ancora una volta insieme.
Sono felice». Me lo dice con garbato pudore, come se fosse il
nostro primo Cammino.

«Grazie a te per avere sopportato le mie reazioni a volte un
po' perentorie…».

«Tu sei il *capitano* e non hai alternative, ti tocca ogni
tanto…».

Gli restituisco un sorriso, le nostre parole esprimono
un'intesa lontana negli anni. Raggiungiamo un bar di fronte
al porto, le barche sono ormeggiate in rada e dalle locande si
fa strada il profumo del fritto misto. Non ho fame, le voci dei
martiri bambini mi hanno trafitto il cuore.

Nel pomeriggio ci trasferiamo a Racale dal nostro amico
Giovanni, siamo ancora storditi. Ci accoglie col suo solito
sorriso, anche lui, avvocato, fa parte, a Milano, della "cordata
del Trezzi", vive in profondità la spiritualità e l'insegnamento
di Gesù. Con lui condivido alcune esperienze professionali. È
anche un musicista: compone brani e colonne sonore. Sono
sue quelle che da anni accompagnano la "carovana di
Santiago" in giro per l'Italia; andiamo di città in città a
presentare le esperienze di Compostela e della Via Francigena
e raccogliamo emozioni che lui mirabilmente trasforma in
musica per il cuore.

Dalla terrazza del B&B mi lascio pervadere dal calore della
pietra leccese, dal suo bianco candido, avverto la protezione

delle campane che suonano a festa. Sono fiero di essere un discepolo di papa Francesco che, nel 2013, ha proclamato beati i Martiri di Otranto.

Shalom aleichem.

La malinconia del cambio passo
(Racale – Collepasso)

Oggi è festa, Maria assunta in cielo. Questa è terra di frontiera, un avamposto che più di altrove ha bisogno dei simboli per segnare l'appartenenza a una storia di fede e di riscatti. Tutte le chiese sono bardate per bene: luminarie e fiori, dal campanile fino alle viuzze intorno al corso principale. Racale fa un po' da capofila di questo distaccamento salentino.

Dalla finestra della mia cameretta osservo alcuni signori che presidiano la piazza San Sebastiano, sono le 7.30, si respira un po' di fresco. Discutono amabilmente, indossano i pantaloni lunghi e una camicia chiara, aspettano il rintocco delle campane per la messa. So che dopo questa generazione molto cambierà, troppe cose si stanno dissolvendo, si sta perdendo il senso delle tradizioni e della festa, insieme alla *Xilella* sta avanzando la piaga della disoccupazione che tutto brucia e annienta, senza ritorno.

Alle 8.30 l'appuntamento è al bar centrale. Oggi è la tappa finale con i miei amici, nonché giornata di pausa. Nel Cammino è il momento più difficile da attraversare: ti mancano i ritmi della giornata, ti senti un po' spaesato e il tempo assume un ruolo diverso. Voglio rimanere concentrato, non do a vedere il mio disagio, non voglio che il mio egoismo mortifichi l'entusiasmo di chi mi sta a fianco.

Mi porto dentro un po' di malumore, è la malinconia del cambio passo. Antonio rimarrà con Raffaella per una settimana qui in Salento, anche Pino, prima di trasferirsi in montagna, trascorrerà un periodo di ferie tra Collepasso e Gallipoli. Mantengo alta la concentrazione per non perdermi: l'equilibrio mentale conta più della forza fisica. Ho davanti altri quindici giorni impegnativi, ancora devo mettere i piedi in Terra Santa per l'appuntamento finale a Gerusalemme.

Già mi manca lo sguardo rude di Antonio, la sua voglia di segnare le tappe attraverso i gesti, la sua parlata e i suoi lamenti sotto il sole impietoso nell'Agro Pontino. Mi mancheranno la sua determinazione e la sua immediatezza, che danno conto del suo percorso. I suoi valori sono i miei, per questo la nostra amicizia è salda anche quando, come in questo pezzo di Cammino, non sempre siamo riusciti a comunicare con la nostra collaudata intensità; entrambi abbiamo affrontato la vita facendo affidamento soprattutto sulle nostre forze e sulla nostra capacità di resistenza. Da ieri il suo sorriso è limpido come il mare di Otranto, ha ritrovato il suo porto naturale che gli dà sicurezza. Con Raffaella proseguirà il suo Cammino.

Da Pino ho ricevuto un'altra bella lezione di resistenza e affetto. Nella vita contano più le azioni che le parole. Sempre il cuore avanti, poi sarà quel che sarà.

Sono ritornato a Collepasso. Ho chiesto a Pino di andare in cimitero. Una preghiera ai suoi genitori e una ai miei. Quando cammino all'interno di un camposanto vengo avvolto dalla pace dei morti, mi piace fermarmi a leggere i nomi, le date di nascita e soprattutto le dediche sulle lapidi da parte di chi è rimasto in vita.

«Mai una preghiera in questo posto l'ho sentita più viva di oggi», Pino pronuncia queste parole mentre il sole è ancora alto all'orizzonte.

«Sei ritornato a piedi da loro. Dopo la fuga e la ribellione la ferita era ancora un po' aperta...».

«Sì, Antonello, dedico ai miei genitori questi passi. Ora mi sento veramente in pace!».

Prima della cena comunitaria mi avvio per le strade del borgo. Ho necessità di dire grazie a questa terra che mi ha accolto a braccia aperte. Sbircio dentro le casette basse e osservo i movimenti delle signore anziane. In loro è stampata la fatica della vita, ma anche la dignità di chi ha saputo allevare i figli secondo onestà e decoro.

Una coppia, marito e moglie, sugli ottanta, mi guarda, entrambi sono incuriositi e un po' infastiditi. Procedo a piccoli passi, non capisco se hanno preso anche paura. Mi avvicino, mi presento, non indosso gli abiti del pellegrino, sembro piuttosto un turista senza arte né parte. Non rispondono, antepongono il loro silenzio al mio atteggiamento sbarazzino. Così li saluto con un filo di voce e mi allontano, mi sento a disagio, vorrei chiedere scusa, ma non trovo il coraggio e proseguo; non mi resta che tirare dritto, lasciandomi prendere dal vortice dei nuovi pensieri, barcollando e svolazzando come una *littera perdida a su entu* (lettera persa al vento), secondo un'espressione molto cara alla mamma di Giampiero.

È il momento della cena, la compagnia si è allargata, è Ferragosto, vassoi e piatti da ogni dove. Il brindisi iniziale è proposto da Antonio, il fratello di Pino, non parla mai, preferisce osservare. A voce bassa si rivolge a me e invita tutti a un momento di raccoglimento per il Cammino che domani mi vedrà in Galilea. Mi commuovo e capisco che il percorso, ancora una volta, è diventato comunitario. Non è più solo mio, è di tanti amici che mi stanno accompagnando all'appuntamento con Gesù a Gerusalemme.

Shalom aleichem.

Verso Gerusalemme
(Brindisi – Tel Aviv – Akko)

Qualche anno fa chiesero al cardinale Carlo Maria Martini: "Perché si reca a Gerusalemme?", rispose: "Non lo so" e aggiunse: "Chi va a Gerusalemme non fa conto di cosa può succedere". In effetti andare a Gerusalemme, volerci arrivare a piedi, è un fatto non comune.

Anche san Paolo, ardente predicatore nei primi anni dopo la morte e Risurrezione di Gesù, scrisse in una sua lettera: "E ora, animato dallo Spirito, io vado a Gerusalemme senza sapere ciò che là mi accadrà".

Leggo il testo del grande cardinale di Milano mentre l'aereo decolla dall'aeroporto di Brindisi diretto a Malpensa, dove incontrerò Luca e Chiara, i miei figli, coi quali proseguirò il Cammino.

Ho dormito solo tre ore, Pino mi ha accompagnato in aeroporto da Collepasso, un'ora di strada, tutta in silenzio. Solo un lungo abbraccio prima di salutarci.

Provo a dormire, la giornata si annuncia molto impegnativa.

"Gerusalemme non è il luogo da cui fuggire ma quello nel quale imparare a vivere. È una storia di conflitto tra il deserto che la minaccia e l'ideale di pace che la muove e la sostiene da tremila anni", ancora Martini.

Dall'oblò vedo la grande pianura, il Tavoliere che ho attraversato a piedi, provo un senso di vuoto e di smarrimento e non so cosa mi accadrà da stasera in avanti. Qualche turbolenza, verifico le cinture di sicurezza e rimango concentrato sul volo, non voglio lasciarmi prendere da altre paure. Chiudo il libro, cerco di fare ordine, ma sono inquieto.

Riprendo a leggere: "Quali sono le vicende mediante cui si affina e si forma il nostro sguardo verso Gerusalemme come meta finale di un Cammino?". È la domanda che si pose Martini, alla quale non riuscì, tuttavia, a dare una risposta compiuta, lui, fine biblista, studioso di Gesù e di Israele. Mi rassereno, non dovrò andare in Galilea e poi in Giudea per trovare le risposte che cerco da tempo. Vado a imparare. "Bisogna imparare a conoscere" – ammonisce il cardinale di Milano – "a sperimentare il tesoro di storia e di cultura del popolo ebraico, a familiarizzare con esso perché ci fa scoprire le nostre radici". Sì, voglio andare e familiarizzare col popolo che ha dato i natali a Gesù e gli ha permesso di realizzare la più grande rivoluzione della storia dell'uomo.

Dopo gli Appennini, intravedo la pianura a me più familiare, mi lascio andare, mentre il comandante annuncia che stiamo per atterrare.

A Malpensa mi sento un po' spaesato, sono in attesa di Luca e Chiara. Eccoli arrivare, con loro anche Laura, mia moglie, è venuta a salutarmi e a portarmi un paio di scarpe, le stesse che ho usato a Santiago. Ci guardiamo senza parlare, poi un forte abbraccio, le sue lacrime. Mi dicono che sono smagrito e un po' tirato, la barba lunga contribuisce a completare il quadro. Laura ci dà tutte le raccomandazioni, il suo sostegno sarà per me fondamentale, come in tutte le precedenti esperienze di Cammino.

Partiamo senza sapere cosa potrà accadere, come fu per san Paolo e per Carlo Maria Martini.

Alle 11:30 l'aereo Alitalia decolla alla volta di Tel Aviv, quattro ore di volo. Luca fa qualche domanda ma capisce che ho bisogno di riposare, finalmente mi addormento, sento la protezione dei miei figli.

Chiara, ventuno anni, ha spostato l'esame di diritto commerciale a fine settembre e mi ha chiesto di aggregarsi alla spedizione, è stato un suo desiderio profondo. Anche Luca, venticinque anni, ha scelto di accompagnarmi in questo Cammino, giocandosi quindici giorni di ferie dei ventuno disponibili. I suoi colleghi della *Deloitte* lo hanno preso per un marziano, mentre per me è del tutto naturale: hanno alle spalle molte esperienze di volontariato e vivono la loro vita sempre con lo sguardo rivolto agli "altri". Per loro il Cammino è anche momento di riconciliazione fisica: entrambi amano lo sport – Luca il calcio e Chiara la boxe –, vogliono misurarsi per capire il limite del proprio corpo e conoscono più di me gli esercizi di stretching per la schiena, le gambe e il bacino. Sono in grado di combinare cibo e attività fisica, ma sanno anche divertirsi e lasciarsi andare liberamente agli imprevisti delle nottate di festa con gli amici.

Siamo atterrati a Tel Aviv, vogliamo raggiungere Akko per l'ora di cena. È venerdì e sta per iniziare lo *Shabbat*, ossia la festa più importante della religione ebraica. Dalle 17 si ferma tutto, il precetto prescrive che non debbano essere svolte attività lavorative, tra cui guidare un'automobile o condurre un treno. La legge ebraica comanda che lo *Shabbat* abbia inizio con il tramonto del venerdì e termini con il calar del sole del sabato. Il dettame di osservare rigorosamente lo *Shabbat* è più volte ripetuto nella *Torah*. Nella liturgia lo *Shabbat* viene paragonato a una sposa, a uno sposo o a un re.

Usciamo dall'aerostazione, è un gran viavai. Il sole è ancora alto, proviamo a cercare un taxi. I treni non vanno. Tel Aviv è una città occidentale, ben organizzata.

I ragazzi si muovono con grande abilità. In poco tempo abbiamo espletato tutte le formalità burocratiche e risposto ai questionari sulla sicurezza, poi abbiamo acquistato una scheda telefonica locale per garantirci la copertura nei nostri trasferimenti, di tappa in tappa, soprattutto quando entreremo nel deserto e attraverseremo la Cisgiordania.

Usciamo dalla fila, ci viene incontro un signore dall'aspetto rassicurante, sui sessant'anni. È pronto per il trasferimento ad Akko, carichiamo in macchina gli zaini e partiamo.

Lungo il percorso ci riempie di mille raccomandazioni, ci lascia anche il suo numero di telefono per ogni evenienza o imprevisto, ci fa vedere le foto della sua famiglia. Ci dice che dopo trent'anni trascorsi al servizio della polizia di Stato ha voluto tentare l'esperienza del lavoro autonomo. Io ascolto, non parlo, registro e osservo. Luca, seduto davanti, interloquisce con assoluta padronanza, sembrano amici di vecchia data.

Quando ci saluta, prima di lasciarci davanti all'ostello di Akko, fa tutto un giro di parole perché vuole essere saldato in contanti, non accetta la carta di credito. Non faccio storie, pago, ma ci congediamo senza troppi ringraziamenti.

Strappiamo il biglietto dove aveva scritto il suo nome e il suo numero di telefono ed entriamo nel nostro primo riparo in Terra Santa.

Veniamo accolti da un ragazzo poco più che ventenne. Non ci sono stanze, ma solo dei soppalchi senza letti. I materassi sono adagiati su un pavimento in legno, uno a fianco dell'altro, gli odori mi mandano in tilt. Saliamo sulla terrazza, si è fatto buio. Siamo circondati da tre moschee e sui minareti si riflettono le luci dei lampioni.

È l'ora della preghiera, i *muezzin* fanno sentire la loro voce, è un richiamo rituale salmodiato, gli altoparlanti diffondono le loro parole in tutta la città. Da questo momento in avanti è obbligatorio pregare – in casa, all'aperto o in moschea – col capo rivolto alla Mecca. All'ingresso di quella più vicina al nostro ostello è collocata una fontana, serve per la purificazione, non si può iniziare a pregare senza prima essersi lavati mani e piedi.

Cerchiamo di prendere le misure. Siamo nel cuore di una cittadina araba, dobbiamo seguire il suo ritmo e le sue usanze.

Akko era conosciuta come San Giovanni d'Acri, è sempre stata il porto di approdo per chi arrivava dal Mediterraneo in Alta Galilea, il punto di sbarco dei Crociati e poi dei Saraceni. Tutte le Crociate hanno avuto come teatro San Giovanni d'Acri prima di arrivare a Gerusalemme. La più famosa rimane quella del 1189, la terza, con le flotte partite da tre diversi porti europei: da Pisa, dalla Danimarca e infine da Canterbury. Combatterono per due anni. Nonostante Saladino avesse ricevuto l'aiuto del sultano di Egitto, dopo cruente battaglie capitolò e San Giovanni d'Acri passò sotto il controllo dei cristiani.

Un secolo dopo, i musulmani partirono dall'Egitto e la riconquistarono senza fare prigionieri. Fu un massacro. Distrussero tutte le chiese. Il portale bianco di una di queste fu fatto a pezzi e trasportato al Cairo. Ancora oggi serve come porta d'ingresso di una moschea.

Furono cacciati via anche i Francescani. Vi erano arrivati nel mese di agosto del 1219 guidati dal loro fondatore, Francesco d'Assisi. Qui istituì la casa madre della provincia di Terra Santa.

Dopo l'allontanamento poterono rientrare definitivamente solo nel 1729. Oggi sono i custodi dei luoghi di Gesù.

Mi piace annotare la data dello sbarco di Francesco: agosto 1219, esattamente dopo ottocento anni sbarchiamo anche noi, pure animati da un forte sentimento di fede e di pace.

Ci avviamo per le viuzze del centro, sfrecciano motorini e biciclette elettriche, le vediamo arrivare ad alta velocità. Lungo il porto ci sono tante bancarelle che propongono un assortimento di spezie nauseabonde e di giocattoli anneriti dagli scarichi delle auto. Alcuni ragazzi si avventurano al largo alla guida di potenti moto d'acqua, senza fari, trasportando delle povere ragazze che non indossano i dispositivi di protezione; sono impacciate e avvolte nei loro vestiti come delle mummie trasandate, rischiano la vita a ogni brusca accelerata. Sentiamo le risate maschili quando una di queste cade in acqua. Sono infastidito.

Raggiungiamo una piccola locanda e proviamo a mangiare un boccone, ho lo stomaco chiuso. Ci portano un piatto di pesce fritto ma è immangiabile, per fortuna il pane è tenero e saporito. L'acqua è solo frizzante. Salto la cena, i ragazzi mi guardano con occhi teneri.

Torniamo in ostello, saliamo in terrazza per programmare la partenza di domani mattina: abbiamo in mente di raggiungere I'blin, lungo la direttrice per Nazaret. Tracciamo alcuni percorsi e ci affidiamo al GPS. Chiara si lascia accarezzare dal vento della notte: i suoi lunghi capelli castani si confondono con il velo dorato che indossa per coprire le spalle assolate. Anche Luca è raggiante: la barba ben curata, insieme al suo metro e ottanta di altezza, gli conferiscono una certa dose di autorevolezza che non passa inosservata agli occhi di due ragazze che bevono, appartate, un the alla menta. Io, invece, sono preoccupato: non so cosa ci accadrà, però sento che Gesù ci aspetta a Gerusalemme e questo basta a rassicurarmi.

Shalom aleichem.

Per le strade della Galilea
(Akko – I'blin)

Lo zaino è più pesante del solito. Ieri sera abbiamo fatto scorta di bottiglie, non sappiamo cosa accadrà lungo la nostra tappa. Nel tracciato di Google Maps vengono segnalati almeno quattro punti critici. Luca è sicuro di sé, ha studiato il percorso e provato a immaginare alcune soluzioni alternative, mentre Chiara, che da qualche mese ha iniziato a Milano l'esperienza di soccorritrice volontaria nelle ambulanze del 118, sembra volermi dire: "Tranquillo papà, potrai contare anche su di me".

Ripenso agli anni della loro infanzia, a quando, durante le escursioni lungo i sentieri del Trentino, si affidavano completamente alle decisioni mie e di Laura. Ora me li ritrovo adulti, indispensabili compagni di questa spedizione. Sono felice, anche se un po' inquieto.

Lasciamo l'ostello prima delle 7, il caldo è opprimente. Per le vie di Akko non c'è anima viva. Vogliamo raggiungere la chiesa di San Giovanni Battista, sarà quello il nostro punto di partenza. Non troviamo indicazioni, ci avventuriamo per gli anfratti della parte vecchia, è un dedalo di viuzze, non si capisce la linea di confine tra le case e il suolo pubblico, ho il passo bloccato. Chiedo a Luca di stare avanti, io chiudo dopo Chiara.

Stiamo girando a vuoto, per due volte consecutive ci ritroviamo al punto di partenza. Decidiamo così di puntare verso il porto e di risalire percorrendo la stradina lungo le mura antiche. Finalmente individuiamo il piccolo campanile e non lo perdiamo di vista per nessuna ragione.

Quando arriviamo nella piazzetta antistante troviamo la chiesa chiusa, nessun cartello, nessuna indicazione. Incrociamo due giovani sui trent'anni, ci guardano con fare circospetto, non aprono bocca e procedono oltre, siamo un po' disorientati. Ci accontentiamo di dire una preghiera davanti alla porta sprangata e poi ripartiamo.

Ho le mani sudate e i piedi bagnati, il caldo afoso e l'emozione mi stanno mettendo in forte difficoltà.

Camminiamo lasciando alla nostra destra il mare, di fronte a noi la città di Haifa.

Dopo due ore di marcia ci imbattiamo nel primo punto critico. Entriamo in un'area residenziale, cambia la tipologia delle case, tutto si presenta in ordine, anche il verde è molto curato. Akko è una città araba dello Stato d'Israele, sembra quasi una contraddizione. Nel libro dei Maccabei viene più volte ricordata col nome di Tolemaide.

Arabi ed ebrei: due mondi completamente diversi per storia, cultura e religione. Fin dalle prime battute percepisco la tensione fra queste due realtà. Quando nel 1948, dopo la controversa risoluzione dell'ONU, vi fu l'autoproclamazione dello Stato d'Israele, tutto il mondo arabo insorse. I territori, i villaggi, le usanze e i costumi erano in gran parte arabi, nulla a che vedere con un nuovo Stato che andava affermandosi sulla base di un atto politico.

Camminiamo in territorio israeliano, ma per larghi tratti il cuore pulsante è arabo. Percepisco nelle facce dei giovani un sentimento quasi ostile. Dall'altra parte mi colpisce, come prima impressione, il grande sforzo del governo centrale verso questi territori. Le strade sono ben progettate e curate, i marciapiedi larghi per salvare l'antica tradizione di queste zone: fin dai tempi di Gesù ci si sposta a piedi, anche per lunghi tragitti.

L'area residenziale è abitata esclusivamente da famiglie ebree, mi dicono provenienti in prevalenza dagli Stati Uniti. Superiamo la sbarra e decidiamo di entrare, non sappiamo fino in fondo se il percorso sia consentito.

Ci muoviamo guardinghi, siamo attenti a ogni movimento sospetto. Dopo circa un'ora finalmente usciamo dalla zona abitata e ci ritroviamo in aperta campagna, respiriamo un po', il sole picchia, intorno a noi alcuni campi di granoturco e due vigne striminzite, nulla a che vedere con le ampie distese del Salento.

Percorriamo una strada sterrata, per alcuni tratti mi sembra di essere nella distesa tra Oristano e Cagliari. Ora siamo allineati, Chiara, col suo zaino da quarantadue litri, procede al centro. Parliamo.

Perché stiamo andando a piedi a Gerusalemme? Ancora non lo so. Mi ritornano alla mente le letture degli anni giovanili, le divisioni drammatiche tra credenti e atei. Il pensiero di Marx, secondo cui la religione è il sospiro della creatura oppressa, il sentimento di un mondo senza cuore. Anche i ragazzi sono interessati alle mie riflessioni. Li metto un po' sotto torchio, accettano la sfida. Stiamo andando a piedi come i Crociati che sbarcarono a San Giovanni d'Acri, stiamo andando a Gerusalemme, dove Gesù è morto e poi risorto. Anche per noi il simbolo è la croce, che, a ben vedere, richiama un dramma.

Per Marx e Nietzsche la colpa più grande del cristianesimo è quella di indurre l'uomo a rassegnarsi di fronte alla sofferenza, a fare anzi della sofferenza un valore. La Risurrezione sarebbe solo un premio ultraterreno non attivamente godibile sulla terra. Per questo bisognerebbe eliminare la religione in quanto illusoria felicità del popolo per esigere la felicità reale sulla terra. Sopprimerla perché sarebbe "l'oppio del popolo"!

Ascoltano le mie riflessioni e sanno che sto cercando di provocare una discussione impegnativa. Si guardano e sorridono, cercano una veloce intesa, dicono qualcosa che non riesco a decifrare, Luca fa un cenno con la testa e mi fa l'occhiolino, come a dire che l'argomento è interessante ma per ora ha altri pensieri, vuole mantenere alta la concentrazione sul percorso. Chiara, dopo un prolungato silenzio, invece accetta la sfida: «Papà io sono felice, Marx e Nietzsche avevano problemi personali da risolvere, la croce, il segno della croce, mi dà sicurezza».

Alle 11 abbiamo preso più coraggio, cominciamo a capire la segnaletica agraria. Stiamo attraversando un sentiero. La terra dei campi emana una puzza insopportabile, ogni tanto incontriamo la carcassa di un animale. Non ci sono alberi, se non alcuni ulivi che soffrono. Ci fermiamo.

Veniamo raggiunti da un giovane agricoltore alla guida di una moto di piccola cilindrata, è sorridente, finalmente. Si rivolge a Chiara, parla un inglese stentato, interviene anche Luca. Ci invita a seguirlo, ci fa capire che più avanti si trova il suo appezzamento di terreno, con delle viti di uva da tavola. Lo seguiamo.

È un giovane ebreo, vuole parlare, ci racconta dei suoi genitori, della scuola che non funziona e della tensione tra proprietari terrieri, anche all'interno della comunità ebraica. Poi prende un coltello e dirada due grappoli d'uva ormai maturi. Assaggia prima lui per tranquillizzarci. Gli acini sono sporchi, la polvere è troppa e l'acqua scarseggia. Non possiamo non accettare. Inzuppiamo un fazzoletto di carta e puliamo i chicchi, ci guarda scuotendo la testa ma capisce, non possiamo permetterci di compromettere l'intestino. L'uva è buonissima, è il primo frutto di questo nostro Cammino. Un simbolo che registro nella sua grande dimensione di vita. Prima di salutarci ci dà alcune raccomandazioni, anche lui ci lascia il suo numero di telefono per ogni evenienza. Procediamo.

Questo incontro ci ha galvanizzato e un po' ha allentato la tensione. Le gambe ringraziano perché sentiamo i muscoli più sciolti.

Ancora un'ora di marcia e un nuovo abboccamento. Siamo a due chilometri da Tanra, un villaggio dove si stanno concentrando piccoli agricoltori. Dopo averla desalinizzata, attraverso nuovi canali di irrigazione, il governo centrale sta portando in queste zone l'acqua dal Mar Mediterraneo con l'obiettivo di creare nuovi polmoni verdi: impresa titanica, ma nulla è impossibile agli israeliani.

Ci viene incontro un signore sui settant'anni, faccia scura e occhi profondamente induriti dal sole. Ci invita a visitare la sua baracca e il suo campo. Avremmo voluto procedere ma anche in questo caso accettiamo, per dovere di cortesia. Rimaniamo colpiti dal frigorifero che giganteggia all'interno dell'esigua e precaria dimora, in pendant con lo schermo della TV anch'esso del tutto sovradimensionato, al punto che gli altri oggetti, compreso il materasso, sembrano l'arredo della casa dei sette nani. Ibrahim è sorridente, ci fa accomodare sulle sedie bianche e sporche. Mette in tavola due bottiglie di succo d'ananas e un enorme cocomero. Poi porta i bicchieri in plastica, versa e beve per primo. Mai degustato un succo più buono, la temperatura è ideale. Con un grosso coltello divide in due l'anguria e ci porge due fette a testa, poi ci racconta la storia della sua famiglia, sento una punta polemica per la privazione della terra; ora, dice, ha solo un piccolo appezzamento ma anni addietro la sua famiglia disponeva di ampie distese, dove allevava anche le pecore. È un misto di inglese e arabo; Chiara riesce a seguire e a tradurre, i cinque anni di liceo linguistico le consentono di captare i vocaboli e di intendere cosa Ibrahim voglia dire.

Dopo averci rifornito di due nuove bottiglie d'acqua, lo salutiamo e ripartiamo rinfrancati.

Siamo in Galilea, la patria di Gesù fino all'età di trent'anni. Ogni tanto mi fermo, mi piace toccare la terra con le mani, pensare che sia la stessa che ha accolto i passi del Nazareno. Quasi nulla sappiamo della sua vita fino a quando non iniziò a predicare. È certo, però, che visse qui in Galilea, rispettando la legge ebraica e camminando, Gesù era un grande camminatore.

Alle 15:30 entriamo a I'blin. Siamo stanchissimi. Gli ultimi sette chilometri sono stati molto duri. Dobbiamo raggiungere il *Mar Elias Educational Institutions*, un college che ospita studenti di tutte le religioni e offre accoglienza ai pellegrini. Ci armiamo di coraggio perché scopriamo che mancano altri tre chilometri, tutti in salita.

Tra moschee e piccole rivendite di frutta, attraversiamo il villaggio, una signora ci invita alla sosta, ci viene incontro e vorrebbe offrirci da bere, ma non ci fermiamo. Ebrei e arabi sentono il bisogno di parlarci, di rendere nota una loro verità, ben sapendo che quella raccontata dai mass media è tutto fuorché completa.

Dopo l'ultima salita vediamo spuntare una signora minuta, occhi e capelli neri. Chiede di Luca, il nostro *driver*: «Sì, siamo noi». È Samar Saahra, la responsabile del college. Ci accompagna all'ultimo piano dell'enorme struttura. Gli studenti sono tutti via, in vacanza. Il collegio arriva a ospitarne quasi duemilacinquecento, cristiani e musulmani, ma anche ebrei. A capo c'è il fondatore, Elias Chacour, vescovo melchita di tutta la Galilea. I cristiani melchiti sono legati alla Chiesa latina e riconoscono l'autorità del papa di Roma.

Samar ci dà tutte le istruzioni, ci assegna la camera e ci indica dove fare il bucato. Alle 19 ci aspetta per la cena.

Saliamo sul terrazzo del grande edificio posto sulla collina più alta del villaggio. Una croce di quindici metri s'impone su tutta la vallata, solo un minareto a ovest dello stesso colle la sovrasta. I tiranti in acciaio ci danno l'idea della forte esposizione al vento.

Abbiamo molta fame, la tensione si è sciolta grazie all'accoglienza quasi materna di Samar. Alle 18 ci presentiamo in cucina. Lei parla correntemente l'italiano, per cinque anni è stata a Piacenza e ha un ricordo speciale dell'Italia. È di religione cristiana, araba di Gerusalemme, molto legata al vescovo Elias, cita a memoria molti passaggi degli innumerevoli libri scritti dal patriarca, ora ottantenne. Ci parla della necessità del dialogo fra le religioni. Frequenta anche la Chiesa greco-ortodossa, fa parte di un gruppo di preghiera; per le opere concrete, ci dice, preferisce fare riferimento alla rete dei frati Francescani.

Ci racconta che la convivenza è molto difficile, anche nel college è un continuo stare in allerta, sono molto frequenti le visite e le ispezioni, pare che vi sia molta "attenzione" da parte del governo e delle autorità locali.

La cena è superlativa, quando ha saputo che siamo una famiglia ha voluto offrirci il pasto che si prepara il giorno di festa a Gerusalemme nelle case palestinesi: riso in bianco, carne lessa e legumi, poi una sorta di pasta al forno con del formaggio fuso. Abbiamo divorato tutto.

Ora siamo in camera, Samar si è ritirata nella sua stanza. Dalla nostra finestra sentiamo la croce sopra la terrazza respingere gli assalti del vento; vediamo poi i lampioni ondeggiare vistosamente con delle lunghe ombre che sembrano rincorrersi oltre il buio.

Prepariamo lo zaino. Io mi abbandono alla lettura, Luca e Chiara studiano il percorso di domani, senza sapere cosa accadrà.

Shalom aleichem.

Il Nazareno
(I'blin – Nazaret)

«Chiara, Chiara, Chiaraaa...» grido a squarciagola. Luca è avanti. «Insisti al telefono, continua a chiamarla». Non risponde. Abbandono lo zaino e faccio a ritroso il percorso, sono disperato. Dalle casette basse non arriva alcun segnale, provo a correre, ma dove? Rifaccio in salita l'ultimo pezzo di strada e mi ritrovo con Luca, anche lui è angosciato. Fino a qualche secondo prima era a pochi metri da noi, con la sua macchina professionale, a sbirciare negli interni, lei ama i particolari, detesta le foto-ricordo. Mi fermo, il cuore sta per esplodere, continuo a gridare, a pronunciare il suo nome. «Chiara, Chiara, rispondimi...». Ancora nessun segnale. Non vedo più Luca, delle nuvole scure mi stanno sbarrando la strada, non riesco a respirare. «Chiaraaaa».

È un groviglio di viuzze, tutte in discesa, i cortili sono delle cavità dove non penetra un raggio di sole, provo a entrare, ma una signora con un lungo velo nero mi intima di fermarmi, non mi fa andare oltre. Vorrei spaccare tutto. Incrocio due ragazzini, provo a chiedere qualcosa ma scappano, sono anche loro spaventati. Mi sento sprofondare, non so cosa fare, ho il terrore che qualcuno l'abbia trascinata all'interno di una di queste casupole. Tento di chiamare *Casa Nova*, l'ostello francescano dove andremo a dormire, ma non riesco a comporre il numero, mi tremano le mani. Non mi allontano, non possono averla portata troppo lontano, lei mi sentirà. Ancora, con voce affannata: «Chiara, Chiaraaa…».

Ma ecco ricomparire Luca e subito dopo, col suo sorriso disarmante, anche lei. Mi accascio e piango, un pianto di liberazione e di gioia.

Mi riprendo e la raggiungo, l'abbraccio, si rende conto della situazione, prova a chiedere scusa, sta per scoppiare in lacrime anche lei. Vorrebbe dare una spiegazione, ma siamo tutti e tre molto tesi. Ci prendiamo per mano con l'impegno di proseguire il Cammino controllandoci a vicenda.

In realtà, attardatasi per fotografare, ci aveva per un attimo perso di vista e aveva seguito le indicazioni di un ostello "laico", pensando erroneamente fosse il nostro rifugio per la notte.

L'ingresso a Nazaret non era stato dei più belli. Avevamo percorso una lunga salita tra i cantieri caotici e gli immondezzai, sotto un sole impietoso. Per giunta, il GPS non rispondeva alle nostre richieste. Dopo il terzo minareto avevamo ritrovato la direzione e avvistato la cupola dell'Annunciazione, la nostra meta. Da lì avevamo iniziato a scendere e a respirare aria nuova, per poi alla fine ritrovarci. La parte vecchia di Nazaret, il quartiere di Gesù, si stava predisponendo ad accoglierci e noi ci stavamo rilassando, come fossimo nel rione della nostra città.

Finalmente siamo davanti all'ostello. Veniamo accolti in silenzio, la casa francescana è attrezzata per i pellegrini che arrivano in pullman, sentiamo una particolare attenzione da parte del personale, quasi nessuno arriva a piedi. Ci viene assegnata la camera, facciamo il bucato e stendiamo le mutande direttamente su un filo che abbiamo tirato tra un letto e l'altro.

Apro la finestra, siamo di fronte alla Basilica dell'Annunciazione che racchiude la casa di Maria, un luogo speciale: qui l'Arcangelo le diede l'annuncio, le disse in sogno che sarebbe rimasta incinta di un bambino che avrebbe cambiato le sorti dell'umanità. Immagino l'agitazione di questa donna, avrà pensato che in fondo i sogni non sempre sono anticipatori della realtà. Avrà pensato, inoltre, a come dirlo a Giuseppe, un ebreo fervente, rispettoso della legge e pienamente sottomesso al volere di Dio.

Provo a riposare, soprattutto per riprendermi dallo spavento di qualche ora prima, ma non riesco.

Scendiamo, il sole illumina la facciata della grande basilica. Entriamo. Vengo investito da una luce che mi conduce fino alla caverna, la casetta di Maria e Giuseppe, dove visse Gesù per gran parte dei suoi anni. Studiosi e archeologi ci dicono che probabilmente la dimora familiare sia da collocare nei pressi dell'attuale basilica, ma poco importa. Aspetto che passi la fiumana degli altri pellegrini, mi siedo per terra ad aspettare, voglio toccare quelle pietre, sentire cosa hanno da dire.

Il luogo in cui abbiamo vissuto da piccoli incide sulla nostra formazione, sui nostri pensieri e sul nostro modo di affrontare la vita. Io mi porto dentro la casa umile dove sono nato a Orotelli: la cucina col suo tavolo verde smeraldo e il mobile in finta noce, la stanza che fungeva da dispensa dove stagionavano le forme di formaggio e dove veniva custodita la pila del pane carasau, il locale con la grande vasca per il bagno del sabato sera, poi la "casa del forno" e la stanzetta da letto, con il cassettone storto. La camera da pranzo, quella bella, era come il museo del Louvre, non si poteva entrare facilmente, potevano accedervi solo gli ospiti. Tutto aveva una sua armonia. Quella casa oggi mi fa vedere la vita nella sua dimensione essenziale e mi fa apprezzare ogni atto di generosità.

Allungo la mano per toccare i muri della casa di Gesù, il luogo vero della sua crescita. Immagino il mobilio, i cuscini per terra e le stuoie per dormire. Sento la sua voce pacata e vedo il suo sguardo di ammirazione per la mamma con la quale collaborava nelle incombenze domestiche. Le sue parabole sono nate qui, sentendo i racconti di Giuseppe, il quale, pur non avendo studiato, conosceva le avversità della vita.

La vedo, la sento: è una famiglia che deve fare i conti con le impellenze quotidiane. Una famiglia raccolta, con tanti parenti e amici provenienti dai borghi vicini. In fondo la Nazaret di oggi, la parte vecchia, non è molto diversa da quella in cui ha vissuto Gesù. La famiglia era unita dalla fede - una sincera adesione alla religione ebraica - e dalla condivisione di un sentimento, diffuso, di consapevole resistenza ai soprusi dei Romani e di Erode in particolare.

Mi estranio, i ragazzi fanno il giro della basilica. Chiara si copre i capelli con uno *chador*, il gesto mi piace, non è un tornare indietro, ma un segno di rispetto per il quale non bisogna fare troppo gli intellettuali. Anche le mie nonne, in Sardegna, per entrare in chiesa indossavano con particolare eleganza un fazzoletto nero o marron.

Ritorno indietro nel tempo. Rivedo Gesù (Giosuè, in ebraico *Yeshua*, "Dio salva") che si aggira tra le viuzze intorno alla casa. Lo rivedo adolescente che si avvia in sinagoga a leggere i passi della *Torah*, a studiarli con il rigore di cui era capace.

Quando iniziò la vita pubblica attinse in profondità da queste scritture. Nei suoi discorsi parlava di Regno di Dio, Redenzione e Giudizio finale, tutti concetti che appartenevano alla tradizione ebraica.

Lo vedo, all'alba, in ginocchio a pregare. Noi sappiamo che Gesù era mattiniero, si alzava molto presto. Secondo l'usanza di allora, un ebreo religioso doveva dire, due volte al giorno, una preghiera fondamentale nota come *Shemà Israel* ("Ascolta Israele").

Gesù era ebreo, per capirlo meglio bisogna arrivare a piedi a Nazaret. Nel dopoguerra si è cercato di recuperare la dimensione ebraica di Gesù più per ripulire la nostra coscienza dopo la Shoah che per fare i conti con la realtà storica.

Esco. Cerco Maria, avrei voglia di parlarle. Di lei conosciamo i gesti, i silenzi, le opere ma poche parole. Matteo, Marco e Luca hanno scritto i Vangeli dopo diversi anni, Giovanni, si ritiene, addirittura dopo sessant'anni dalla morte in croce di Gesù. Anche Giacomo, Pietro e Tommaso hanno raccontato la vita del Nazareno. La vita di

Gesù è tutta concentrata negli ultimi tre anni, poco si è scritto sui primi trenta, poco si è scritto di Maria, le frasi a lei attribuite sono limitate. È vero, le mamme non hanno tempo da perdere in chiacchiere, la loro giornata è piena, dall'alba al tramonto e poi hanno il dono e l'incombenza della maternità, il grande mistero che rende le donne esseri speciali.

Mi sarebbe piaciuto anche incontrare Giuseppe, nella sua bottega, vederlo al lavoro, taciturno, laborioso, ma anche incredulo all'udire del sogno della promessa sposa. Come può pensare questo poveretto di diventare il padre di un bambino senza avere contribuito con il suo seme? Era tuttavia già scritto, il profeta Isaia, in un passaggio del Vecchio Testamento, afferma: "Ecco la vergine concepirà e partorirà un figlio".

C'è un luogo che identifica la bottega di Giuseppe qui a Nazaret. Mi avvio. Da piccolo, nel mio paese sperduto della Barbagia, andavo nel laboratorio del signor Italo, un falegname molto bravo, di atteggiamento mite, che riceveva commesse anche dagli altri villaggi del circondario. Osservavo tutti i suoi movimenti, mi piaceva vedere come modellava i pezzi di legno, come creava le opere d'arte, che si trattasse di una porta o di uno scaffale. Mi inebriavo sentendo il profumo del castagno, gli chiedevo di poter toccare i trucioli che raccoglieva a parte in un contenitore. Avrei potuto fare il falegname se non fossi stato attratto da Nuoro e dal liceo, oltre che dalla ferrea visione dei miei genitori. Loro avevano previsto tutto e ora eccomi qua.

In tutta la vicenda di Gesù, come ci è stata tramandata dalle Sacre Scritture, la figura di Giuseppe rimane sfumata. In molti passaggi si fa riferimento solo alla madre. Scrive Marco: "Venuto il sabato, incominciò a insegnare nella sinagoga. E molti ascoltandolo rimanevano stupiti e dicevano: Non è costui il carpentiere, il figlio di Maria?".

Credo, in fin dei conti, sia giusto così, non solo nel caso di Gesù: il padre viene lasciato in disparte, perché il ruolo, l'autorità, il rispetto e l'affetto se li deve conquistare sul campo, giorno dopo giorno; quei famosi nove mesi, la maternità, lo costringono a una strada in salita, un cammino tutto da percorrere per vedersi riconosciuto un ruolo pieno all'interno della famiglia e della comunità.

Fin dai tempi di Gesù, così come ci è stato tramandato dagli scritti, si avverte una forte presenza delle madri, mentre i padri sono in penombra, a volte del tutto assenti.

Raggiungo i miei figli, stanno conversando sul piazzale dell'Annunciazione con altri ragazzi. Sento una parlata comune, sono di Modena. Con loro entriamo nella chiesa di San Giuseppe: ecco la ricompensa, la nostra messa sarà in onore del falegname di Nazaret e della sua umiltà.

Oltre alla dimora domestica, Gesù frequentava assiduamente la sinagoga. È il tempio degli ebrei, la chiesa per noi cristiani. All'età di trent'anni prese coraggio e iniziò la predicazione, ma non fu una bella esperienza. La comunità cominciò a insospettirsi, a mettere in dubbio le sue parole e la sua autorevolezza, fino ad allontanarlo dal borgo. Luca, l'evangelista, ricorda l'episodio: "Gesù entrò, come al solito, nella sinagoga il giorno del sabato e si alzò a leggere il rotolo del profeta Isaia". Lo spiegava attualizzandolo ed ecco che "all'udire queste cose, tutti nella sinagoga furono pieni di sdegno; si levarono, lo cacciarono fuori dalla città (...) e Gesù se ne andò". D'altronde, nessun profeta è ben accetto in patria.

Povero Gesù. Immagino la sua amarezza, il suo dolore. Tutti noi cerchiamo l'affetto del prossimo, delle persone che vivono a diretto nostro contatto, siamo orgogliosi per loro e, in qualche modo, pretendiamo di essere acclamati quando raggiungiamo un risultato importante. Invece Gesù fu prima deriso e poi cacciato.

Perché? Cosa aveva detto di così scandaloso ai suoi compaesani? Ecco le sue parole secondo il resoconto di Luca: "Lo Spirito del Signore è sopra di me, per questo mi ha consacrato e mi ha inviato a portare ai poveri il lieto annunzio, ad annunziare ai prigionieri la liberazione e il dono della vista ai ciechi; per liberare coloro che sono oppressi e inaugurare l'anno della grazia del Signore". Aveva reso comprensibile a tutti la portata dei precetti contenuti nella Sacra Scrittura, con buona pace di chi - tanti ancora oggi - pensavano di vivere in armonia semplicemente dichiarando la propria ossequiosa aderenza al dato formale delle Tavole della legge.

Credo, tuttavia, che dovesse andare così: senza l'espulsione dalla sinagoga di Nazaret, probabilmente Gesù non avrebbe intrapreso la marcia lungo il Giordano, passando da Gerico fino a Gerusalemme. Dalle sconfitte si rinasce e si riparte con nuova determinazione. Anche Gesù voleva trasferire alla gente di Nazaret la sua aspirazione, realistica e concreta, di rendere vivi e attuali i brani delle Sacre Scritture. Il Nazareno, come confidenzialmente lo ha indicato Fabrizio De André nelle sue canzoni, più uomo che Dio, più amico e compagno di strada che predicatore, mi sta parlando sottovoce. A Lui voglio affidare le mie fragilità e i miei dubbi. Mi piace contemplare Nazaret come era ai tempi di Gesù, un villaggio sconosciuto ai più, che man mano acquistò importanza dopo la sua morte in croce. Vi costruirono nei secoli cappelle e basiliche poi puntualmente distrutte durante la persecuzione contro i cristiani. Come la basilica a tre navate, costruita al tempo dei Crociati da Tancredi, principe di Galilea, e poi rasa al suolo nel 1263 dal feroce Bibaris. Faccio il pieno dello spirito francescano che oggi in questa città aleggia molto forte. I frati Minori nel 1620 ricostruirono, sopra la casa di Giuseppe e Maria, una piccola chiesa, per poi lasciare il posto alla basilica attuale, eretta nel 1955.

Abbiamo cenato in un ristorante arabo, in silenzio. Ora siamo sulla strada di ritorno verso il nostro ostello. Ci sembra di abitare in questa comunità da diversi mesi. In un solo pomeriggio siamo riusciti a fare amicizia con il portinaio di *Casa Nova*, con l'edicolante della piazza e a prendere confidenza con la struttura urbana e la toponomastica della cittadina. D'altra parte, Nazaret è la scuola in cui si è iniziati a comprendere la vita di Gesù. "Qui tutto parla, tutto ha un senso" disse Paolo VI nel corso della sua storica visita nel lontano 1964.

Spegniamo la luce. Le campane segnano l'ora, sono le 22. Shalom aleichem.

La Trasfigurazione
(Nazaret – Monte Tabor)

Mi sveglio alle 5:30 con le prime luci che illuminano la facciata dell'Annunciazione. L'aver dormito accanto alla casa di Maria mi riporta alla mente il quartiere della mia infanzia e, con esso, la sensazione di pace e familiarità che solo il vicinato – una comunità ancora più intima rispetto al villaggio – è in grado di regalare.

Dopo la colazione, Luca ci indica due percorsi alternativi per raggiungere Monte Tabor, decidiamo di seguire quello che attraversa un bosco.

Partiamo, sentiamo un forte caldo. Dobbiamo risalire la collina di Nazaret per poi affrontare una lunga discesa verso la pianura.

Ripenso alle parole dell'evangelista Luca, non posso non farlo. Gesù che fu strattonato e in malo modo condotto fuori da Nazaret dai suoi compaesani: "All'udire queste cose, tutti nella sinagoga si riempirono di sdegno. Si alzarono e lo cacciarono fuori dalla città e lo condussero fin sul ciglio del monte, sul quale era costruita la loro città, per gettarlo giù. Ma egli, passando in mezzo a loro, si mise in cammino". Mi scappa una lacrima, ma anche un sorriso: "…ma egli si mise in cammino", contrappose il Cammino alla violenza della massa inferocita.

Immagino lo scoramento di Gesù mentre scappava dalla sua casa e dal suo paese, il dolore all'idea che non avrebbe più avuto il conforto dei suoi amici e della sua famiglia; si è sentito, credo, come un profugo senza più fissa dimora. Lo vedo mentre, solingo, cammina a passo veloce e ogni tanto si gira a osservare, per l'ultima volta, le casette che gli avevano dato protezione.

In pochi avevano capito, in quel momento, chi fosse veramente questo giovane trentenne e la paura aveva fatto il resto. La rigida appartenenza alla tradizione religiosa ebraica era, d'altronde, l'unico strumento per contrastare il dominio dell'Impero Romano. Per questo motivo, secondo lo spirito del tempo, le Sacre Scritture non andavano interpretate ma solo meditate e messe in pratica. Gesù ci aveva messo del suo e questo non poteva essere tollerato; tutto il movimento dei farisei innalzò, quindi, un muro, decretando la sua esclusione dalla sinagoga e poi dal sobborgo di Nazaret. Atteggiamento analogo a quello che, qualche anno dopo, Gesù sperimenterà a Gerusalemme. Molti farisei, infatti, raggiunsero posizioni di vertice, tra cui il famoso Sinedrio, il tribunale religioso che lo consegnò a Ponzio Pilato per la successiva condanna a morte.

Uscendo da Nazaret, ci siamo fermati a visitare l'attuale sinagoga che sorge accanto alla chiesa dei Maroniti, nascosta tra le tortuose vie del *suk*. Ancora si sente il brontolio di chi non volle sentire le parole del Figlio dell'Uomo.

Povero Gesù. Seguo i suoi passi, ogni tanto rallento, mi sembra di vedere le sue impronte, alle quali sovrappongo le mie scarpe per sentire tutto il suo calore.

Raggiungiamo Daburiyya, il Monte Tabor è sopra di noi, ancora seicento metri di dislivello. Gli abitanti del posto lo chiamano *Gebel Tur*, che significa "montagna santa".

Cominciamo a salire, siamo bagnati da capo a piedi. Sentiamo una voce che ci chiama: *welcome*. Un signore sopra i sessant'anni ci chiede di entrare a casa sua, insiste. Non possiamo rifiutare. Ci fa accomodare, mette in tavola bevande fresche e caffè. Non parla inglese, Luca e Chiara cercano di interpretare le sue parole. Tra arabo ed ebraico ci sono circa ventimila vocaboli che si assomigliano.

È un signore arabo, felice del nostro passaggio. Ci vorrebbe anche a pranzo, ma gli diciamo che stiamo salendo perché abbiamo un appuntamento importante. Ci consegna una bottiglia d'acqua per l'ultima parte. Ripartiamo, la salita è dura, sentiamo la meta vicina.

Dall'alto dominiamo tutta la vallata, a sud si apre una lunga distesa con tante serre geometricamente allineate, la coltivazione degli ortaggi sembra sia molto florida. Sono gli ultimi cento metri.

Eccoci a destinazione, davanti a noi una porta ad arco, la "Porta dei venti", e un cartello con una scritta: *Transfiguratio D.N.I.C. Private Property*. Avverto una scossa negativa, è un'iscrizione che mi pare voglia respingere piuttosto che accogliere, ma procediamo ugualmente.

Quando arriviamo alla Basilica della Trasfigurazione siamo nuovamente fradici. La chiesa è rivolta a Oriente, sorge su un piccolo altipiano, la prima struttura fu eretta dai Benedettini nel 1099, poi distrutta dai Saraceni che la trasformarono in un bastione di difesa. Fu ricostruita dai Francescani dopo che si insediarono definitivamente nel 1631. L'architettura è a tre cappelle per richiamare le tre tende di cui parla l'evangelista nell'episodio della Trasfigurazione.

Entriamo, mi sento un po' annebbiato, mi viene in mente lo smarrimento di Pietro e Giacomo di fronte alla metamorfosi di Gesù che disse loro: "Alzatevi e non temete".

Il mistero della Trasfigurazione rappresenta l'inizio del percorso divino di Gesù, che sul Monte Tabor confidò agli apostoli di dover: "andare a Gerusalemme e soffrire molto...e venire ucciso e risorgere il terzo giorno". Pietro accolse quelle parole con smarrimento, non capì, lo guardò con aria persa, perciò Gesù continuò dicendo: "Se qualcuno vuole venire dietro di me, rinneghi sé stesso, prenda la sua croce e mi segua", come a dire: quello che vi sto proponendo non è roba per sprovveduti.

Usciamo, i frati Minori ci danno le prime indicazioni per la nostra sistemazione. La camera non è pronta, ci chiedono di aggregarci ad altri cento pellegrini che fanno sosta a pranzo prima di rientrare a Nazaret. Sono gli stessi che abbiamo incontrato ieri sera. Io mi siedo con alcuni studenti liceali, Chiara con tre giovani suore e Luca con un gruppo di affabili intellettuali.

Alle 14:30 ripartono, è tempo di silenzio. Sento il vento sbattere alla finestra, tutti i venti di Galilea si danno appuntamento qui a Tabor. I miei pensieri vanno ai giorni di Gesù che qui prese consapevolezza della sua destinazione finale: Gerusalemme.

Nel pomeriggio, dopo un breve riposo, raggiungo il bar, chiedo un biscotto e prendo un'aspirina. Mi trattengo a parlare con uno dei ragazzi di *Mondo X*, la comunità fondata da padre Eligio per il recupero dei tossicodipendenti. Qui collaborano con i frati nella gestione della struttura. Il ragazzo è bresciano, ha 24 anni. Mi colpisce la sua forte personalità, la sua voglia di riprendersi la vita ma soprattutto il suo grande desiderio di seguire l'esempio di Gesù.

Ho bisogno di pregare. Entro in basilica e trovo Luca assorto davanti al crocifisso. Non si accorge della mia presenza, lo guardo. Cresce ogni giorno la mia ammirazione per questo ragazzo che mi sembra sempre più attratto dalla storia del Nazareno. In questo Cammino lo vedo molto sereno, un vero punto di riferimento: programma le tappe facendo tutte le verifiche del caso, con lui mi sento veramente al sicuro.

Altrettanto devo dire di Chiara: ha un grande senso del gruppo, rimane affascinata dalle persone che incontriamo e conosce molto meglio di noi le tradizioni del mondo arabo. Entrambi camminano con coscienza vivendo apertamente il valore della diversità, senza mai prevaricare. Sono due compagni di viaggio eccezionali: tra di noi c'è un'intesa speciale, ci diciamo solo le cose essenziali e condividiamo tutte le decisioni lungo il percorso.

Esco dalla basilica e vado nella parte più alta del monte dove continua a soffiare un forte vento; arriva anche Chiara con la sua macchina fotografica, si siede al mio fianco e mi chiede di leggere gli appunti che sto scrivendo.

Sopraggiungono altri ragazzi e due frati, ciascuno sceglie un angolo per sedersi. Non parlano, alzano le braccia al cielo e annotano qualcosa sul loro quadernetto.

Al momento della cena facciamo tavolata unica con gli altri pellegrini. Risotto, patate e verdure più l'acqua. Chiedo di portare tre bottiglie di vino rosso, vino di Betlemme, mi alzo e verso da bere a tutti, scambiamo le nostre impressioni, si fa amicizia. Parlo soprattutto con frate Ivano, viene da Monza e accompagna, con un suo confratello, un gruppo di ragazzi provenienti da diverse città d'Italia.

Gli chiedo del cartello all'ingresso della basilica, perché "Proprietà privata"? Sembra una barriera, un volere marcare le differenze, del tutto incompatibile con lo spirito francescano. Mi dice che ancora oggi la situazione con le autorità locali è tesa. Vi è un conflitto latente anche con le altre comunità cristiane, tutti vorrebbero metterci la propria bandierina. Il conflitto non è a colpi di decreti da parte del potere pubblico, ma di sotterranee azioni che si sviluppano nell'alveo del diritto privato. Per cui gli spazi, i luoghi, vanno custoditi giorno per giorno, per non avere sorprese e non ritrovarsi sfrattati da un momento all'altro. D'altronde, qui la storia si fa con le scritture: andando indietro nel tempo potrebbero emergere nuovi particolari in grado di rimettere tutto in discussione.

Più che di custodia, mi sembra, quindi, che si debba parlare di presidio; poco è cambiato dal periodo delle crociate!

È ora di andare a dormire. Anche il vento sembra allentare la presa. Siamo in due stanzette comunicanti, spegniamo la luce, domani ci aspetta una tappa molto impegnativa e non sappiamo cosa accadrà. Tuttavia non riusciamo a prendere sonno, le zanzare ci divorano, siamo sotto attacco. Alle 3 finalmente crolliamo.

Mi appare Giacomo, che qui stazionò con Gesù: gli prometto che tornerò a Compostela per un saluto. Dal balconcino passa la luce di una stella, quella che ci porterà a Gerusalemme.

Shalom aleichem.

L'acqua in vino
(Monte Tabor – Cana di Galilea - Ilanyya)

Pensavo rinunciassero all'appuntamento, quello di trovarsi con gli altri ragazzi sul sagrato della basilica per assistere all'alba. Luca e Chiara invece hanno mantenuto la parola e si sono alzati malgrado le poche ore di sonno. Io sono rimasto in camera a sistemare le ultime cose dello zaino.

Siamo a colazione, con Luca sto ragionando sul percorso. Ci raggiunge a tavola frate Ivano, ha un sorriso prodigioso, altri suoi amici lo seguono; loro oggi giungeranno in pullman a Gerusalemme.

Ci scambiamo i numeri di telefono. Quando stiamo per salutarci si toglie il suo *Tau* e me lo mette al collo: «Prendilo tu, è in buone mani». È un atto di amore che mi spiazza. I ragazzi si accorgono della mia commozione, Chiara mi stringe la mano destra.

Con passo spedito lasciamo Monte Tabor, entro le 12 vogliamo essere a Cana di Galilea. Non sentiamo la stanchezza. La prima parte è tutta in discesa, le ginocchia soffrono un po'.

Dopo avere attraversato un piccolo sobborgo, ci inoltriamo in un sentiero che divide in due parti una fitta pineta. Ci sembra tutto così bello.

Prima di riprendere un tratto di strada asfaltata incontriamo una carovana di giovani ebrei, ci dicono che stanno facendo il giro della Galilea, si spostano con tre cammelli e due muli. Sono spensierati e festosi, hanno anche due chitarre. Ci avviciniamo, vogliamo fare due fotografie, come si fa a farsi sfuggire l'occasione? Da sempre abbiamo immaginato Gesù circondato dai cammelli, fin dalla nascita in quel di Betlemme. Un presepe senza cammello è come un Natale senza la neve in Lapponia. Veniamo accontentati, non due ma venti fotografie, un po' ci sentiamo dei piccoli turisti da crociera.

«Venezia, Roma, pizza, Juventus…» riescono a dire col nostro idioma, anche loro non scherzano quanto a luoghi comuni!

Riconquistiamo il Cammino, stiamo attraversando dei campi che ci sembrano abbandonati. Il sole picchia. Dobbiamo fare attenzione, davanti a noi si alza un fumo nero, un odore insopportabile, non capiamo se si tratti di un principio di incendio o di un fuoco che sta terminando la sua corsa. Non possiamo rischiare di rimanere intrappolati dentro il bosco. Ci fermiamo, vado avanti per cercare di capire, il fumo aumenta. Il fuoco è concentrato su uno spiazzo ai bordi del sentiero: stanno bruciando delle carcasse di animali insieme a sterpaglie e sedie in plastica. Un inceneritore a cielo aperto, peraltro incustodito. Ma non è il primo che, purtroppo, dobbiamo annotare sul nostro taccuino.

Procediamo con passo più rapido, per un lungo tratto veniamo avvolti dal fumo. Puzziamo.

Alle 11.30 vediamo le prime case, davanti a noi Cana. Entriamo nel villaggio, la temperatura è altissima. Non è la borgata descritta nel Vangelo, ma un agglomerato molto caotico; vogliamo raggiungere la chiesa francescana dove Gesù iniziò la vita pubblica.

Qui, con i suoi genitori e alcuni suoi discepoli, partecipò alle nozze di un suo parente e compì il suo primo miracolo, trasmutando l'acqua in vino. Ancora, qui a Cana risanò a distanza il figlio del Centurione degente a Cafarnao.

In questo piccolo borgo Gesù ruppe gli indugi: si rese conto che non bastava la predicazione, il racconto del messaggio nuovo attraverso le parabole, occorreva dare prova concreta dei suoi poteri divini.

Di miracoli ne ha fatti tanti nel corso dei suoi ultimi tre anni di vita. Man mano che si spostava in Galilea aumentavano le folle, perché la gente stava prendendo consapevolezza del suo valore. Scrive Marco: "E dovunque giungeva, in villaggi, città o campagne, ponevano gli infermi nelle piazze e lo pregavano di potergli toccare almeno la frangia del mantello, e quanti lo toccavano guarivano". È chiaro, dunque, che non accorrevano da Gesù in quanto capo religioso, ma perché speravano fosse in grado di guarire i loro cari. La situazione sanitaria a quei tempi era drammatica, non esistevano medici e tanto meno ospedali, si moriva per nulla, così Gesù assunse le vesti del Messia che attendevano da secoli.

Continuiamo a camminare, Luca ci rassicura che al monastero manca solo un chilometro.

Dopo il minareto vediamo un piccolo campanile: entriamo, è una chiesa greco cattolica. Lasciamo gli zaini e ci sediamo per una preghiera. Ci nota il prete, rimane in disparte. Quando usciamo ci viene incontro, vuole raccontarci la storia di questa chiesa, delle nozze cui partecipò Gesù.

Padre Simon parla cinque lingue, ha studiato ad Harvard, vissuto a Roma e Parigi. Ci invita in sacrestia e mette sul tavolo una bottiglia di vino rosso; avanziamo una timida resistenza: «Non si viene a Cana senza degustare il vino di Galilea».

È nato in un villaggio a nord di Cana, che ora non c'è più. Racconta il dolore della sua gente, facendoci capire meglio il motivo delle forti tensioni in questo territorio. È uno scontro continuo, spiega, nelle case si respira aria di rivalsa, di ribellione: «Noi dobbiamo predicare la pace e io lo faccio tutti i giorni ma la situazione è al limite». Aggiungo che la strada è quella tracciata da Francesco, la coabitazione e il reciproco riconoscimento, secondo lo spirito delle Scritture. Mi risponde che per fare questo bisogna rinunciare alle armi, alle troppe armi che circolano in tutto il territorio di Israele. Tutto si regge sulla paura, continua Simon: «Loro hanno gli arsenali, ma noi abbiamo Dio». Pronuncia le ultime parole con la voce spezzata. Gli dico che dobbiamo continuare a crederci, che la pace è alla nostra portata. «Tu vivi a Milano e non puoi capire il sopruso quotidiano». Non parlo più.

Ci scambiamo i numeri di telefono. Quando usciamo in strada capiamo quanto gli vogliano bene: musulmani e cristiani lo salutano con vero affetto. Ci vorrebbe a pranzo ma gli diciamo che abbiamo ancora quindici chilometri da fare.

Ripartiamo dopo avere visitato la chiesa latina custodita dai Francescani, nella quale, secondo la tradizione, si sarebbe verificato il primo miracolo del Nazareno. Il sole è ancora più forte, si vede in giro solo qualche ragazzino.

A tre chilometri dall'uscita di Cana, sotto un ulivo, decidiamo di fermarci per mangiare i due grappoli d'uva che ci ha donato Simon. L'espressione di Chiara è cambiata, è taciturna, improvvisamente si è estraniata; non ha voglia di condividere con noi questo piccolo momento di ristoro.

Mi faccio coraggio e interrompo il silenzio, le chiedo: «Tutto bene Chiaretta?». Piange. Luca le allunga un fazzolettino, io mi alzo e le prendo la mano, non insisto con altre domande.

«Sto pensando a Mohamed...».

«Mohamed?», guardo Luca per cercare di capire. Scuote la testa per dirmi che non ha idea di chi sia.

«In quinta elementare, il mio amico palestinese...arrivato a metà anno scolastico...».

«Ah, sì, ora ricordo!».

«Presentandolo alla classe, la maestra Eva ci parlò del dramma dei profughi palestinesi. Mohamed prese posto al mio fianco, i primi giorni non mi degnava di uno sguardo...anche perché non sapeva una parola d'italiano».

«Ricordi come arrivò a Milano?».

«Sì, con sua madre...fu accolto da una famiglia di egiziani in una casa di ringhiera in viale Monza».

«Poi?».

«Dopo solo un mese si sbloccò, cominciò a parlare e, timidamente, a sorridere…ora capisco la sua espressione malinconica. Era scappato dalla guerra e dal sopruso…».

«Non ti ho più sentito parlare di Mohamed».

«Dopo la scuola elementare, quasi nessuno di questi profughi prosegue gli studi. L'ho perso di vista, quando ritorneremo a Milano proverò a cercarlo. Mi piacerebbe rivederlo, spero non si sia perso in brutte storie…».

Non faccio altre domande, beviamo un sorso e riprendiamo a camminare a passo spedito fino alla strada statale per gli ultimi sette difficili chilometri.

Alle 17 arriviamo a Ilanyya e veniamo accolti da una signora sui quarant'anni: è la titolare dell'accampamento di tende e *bungalow*, lo gestisce con il resto della sua famiglia. Sono ebrei praticanti.

Ci mette subito a nostro agio, ci chiede del nostro Cammino, della nostra meta, ci parla di Gerusalemme e della sua infanzia trascorsa a studiare in questa città. Le manca tanto, ma ha fatto una scelta ben precisa: vuole spendersi nei luoghi di crisi come questo per favorire l'incontro tra le diverse religioni.

Il bancone dell'accoglienza è un lungo tronco che emana un profumo di timo. Ci mette a disposizione una caraffa di succo di cedro e un cesto di prugne con biscotti secchi, poi un the caldo. Ci accompagna nella tenda dove dormiremo, passando per un campo incolto ed evitando alcuni fili abbandonati. Ci racconta la storia di questo insediamento, una sorta di punto d'incontro e di dialogo tra palestinesi ed ebrei. A distanza di cento metri c'è un campo di addestramento dell'esercito israeliano.

La doccia si trova in un capanno ancora più nascosto, bisogna mettersi in fila e aspettare. Il clima dentro la tendopoli è cordiale, alcuni bambini giocano sotto lo sguardo rilassato dei genitori. Davanti alla nostra tenda è stato allestito un baldacchino e un grande materasso per goderci il tramonto prima dell'ora di cena.

Scriviamo i nostri appunti e ci lasciamo prendere dalla fragranza di mele essiccate che il vento del tramonto porta dentro il nostro campo.

Per cena la signora ci indirizza in una piccola locanda a cinque minuti dal nostro rifugio. È una famiglia araba, al taverniere diciamo che siamo stati espressamente consigliati di rivolgerci al suo locale, lui sorride e ci dice: *Welcome*.

Shalom aleichem.

Il Mar di Galilea
(Ilanyya – Tiberiade)

Sento il fruscìo degli alberi e i primi uccellini, non è ancora l'alba. Aspetto Luca e Chiara. Alle prime luci mi alzo, il filo del bucato è venuto giù e le magliette e le calze sono ancora umide. Abbiamo però il ricambio.

La colazione è ebraica, molto abbondante di frutta e pietanze salate. Io amo il caffè e latte con la marmellata, un po' mi manca, Chiara invece ci va a nozze mentre Luca fa trasparire una certa indifferenza.

Partiamo, ci aspetta una tappa di circa trenta chilometri. In gran parte cammineremo ai lati della strada 65, la dorsale che collega le città e i villaggi del Distretto nord, cioè l'Alta Galilea. Fortunatamente lo spazio per i pedoni è largo, ma è un percorso duro, le temperature con l'asfalto sono al limite, i piedi bruciano e veniamo sovrastati dal sibilo dei camion che corrono al limite massimo consentito; alcuni ci suonano per darci il benvenuto e ogni volta è un colpo al cuore.

Tutto il traffico merci si riversa su questa strada, non esistono ferrovie o altre arterie di comunicazione. La circolazione è sostenuta. Apro la spedizione, procediamo in fila indiana, in senso frontale rispetto alla direzione delle auto; con la mano destra continuo a sventolare un fazzoletto bianco, mi accorgo che è molto utile, richiamo l'attenzione degli automobilisti che anche qui guidano con lo smartphone tra le mani.

All'orizzonte la terra brucia, siamo vigili, ma mi accorgo di avere alcuni abbagli. Ci fermiamo al di là del *guard rail*, sotto il sole, mi bagno la testa e dico ai ragazzi di fare altrettanto.

Camminiamo da tre ore. Decidiamo di lasciare la strada e infilarci in un sentiero sterrato, senza però allontanarci troppo dalle tracce del GPS. Io vado avanti, ogni tanto Luca mi richiama all'ordine perché ho il passo troppo veloce.

Ritorniamo sulla 65; Chiara è in difficoltà, nell'ultima salita ha rallentato, le fanno male il tendine e il ginocchio. Le chiedo se riesce ad andare avanti. Con Luca vogliamo dividerci il peso del suo zaino, ma non accetta, dice che vuole proseguire. Cambiamo quindi l'andatura, provo a rimanere indietro, Luca davanti con il GPS e il fazzoletto bianco. Oggi è proprio dura.

Forse stiamo esagerando, stiamo chiedendo al corpo uno sforzo superiore alle nostre possibilità. Non lo dico, ma sono preoccupato, soprattutto per Chiara. Quando mi accosto, mi guarda e mi regala un sorriso. Capisco che sta combattendo con noi, che le sue motivazioni sono forse anche più alte delle mie. Poi lei fa le notti in ambulanza e impugna i guantoni da pugilato, mica può arrendersi alle prime difficoltà.

Dopo diciassette chilometri finalmente lasciamo la strada per iniziare un lungo tratto sterrato. Scendiamo con attenzione lungo una pietraia, i camminatori sanno che le discese riservano sempre brutte sorprese.

All'orizzonte, tra il giallo desertico, vediamo finalmente una macchia d'azzurro intenso: è il lago di Tiberiade, il lago di Gesù. In queste acque Lui è stato il vero protagonista, qui ha chiamato i primi discepoli, qui ha compiuto gesti miracolosi, non per affermare sé ma per illuminare i suoi amici. Mi fermo come incantato, qui c'è un'energia che ti cambia la vita.

«È proprio vero che per capire le situazioni e gli eventi bisogna andare alle radici, scavare in profondità...» osserva Luca affiancandomi dopo la feroce salita.

«Lo penso anch'io...non bastano i libri, occorre toccare con mano le vicende della storia».

«E noi lo stiamo facendo. Non vedo l'ora di sentire le acque del lago...».

«Ci siamo, è solo questione di qualche chilometro. Dai Luca...».

Dopo più di otto ore di marcia arriviamo alla destinazione stabilita. Siamo sulla parte nord-occidentale del lago. Solita telefonata per avvisare che stiamo arrivando. Non risponde nessuno, Luca insiste, finalmente una timida voce, parlano ebraico, lui si ostina in inglese. Niente da fare. Poi altre telefonate. Io, seduto sotto un albero, osservo e ascolto. Mantiene la calma grazie anche all'aiuto di Chiara. La situazione si complica, insomma, nonostante avessimo già pagato, di questa struttura neanche l'ombra. Vorrei intromettermi, ma mi astengo, peraltro complicherei la situazione.

Entriamo in un residence molto ben attrezzato che accoglie un gruppo di famiglie. Chiediamo se possono ospitarci, ci rispondono che non hanno posto, insistiamo, diciamo che siamo disposti a dormire per terra, ma non accettano.

Carichiamo gli zaini e avanziamo di un chilometro, incrociamo il responsabile di un campeggio e gli chiediamo se ha uno spazio libero, ma ci fa cenno che sono al completo. Io non riesco più a ragionare, Luca mantiene invece la calma, non si fa prendere dallo sconforto. Si rimette al telefono. «Proviamo a raggiungere Tiberiade?» mi chiede. «Fai tu» gli rispondo. Dopo un po' di telefonate lo vedo sorridere, ha trovato un'auto per trasferirci in un piccolo hotel al centro della città di Tiberio Claudio Nerone.

Che sollievo, la stanza è piccola ma ci sembra la suite di un *cinque stelle*. Siamo rinati.

Esco sulla terrazza, alzo lo sguardo e vedo le luci della sera sulle acque su cui camminò il Nazareno, che tipo questo Gesù!

La città è animata, le vetrine elegantemente decorate, le strade pulite, i semafori ben orientati e il traffico regolare; fa uno strano effetto ritrovarsi in un centro del genere dopo una giornata così faticosa. È popolata in prevalenza da ebrei, malgrado, al principio, subito dopo la sua fondazione avvenuta nel 18 d.C., questi si fossero rifiutati di abitarla considerandola un luogo impuro poiché costruita sopra una necropoli.

Scegliamo una locanda con piatti della tradizione ebraica. Mettono in tavola tanti piccoli vassoi: *hummus* di ceci, melanzane con salsa *tahin*, insalata di rape rosse e zuppa di pollo. Mi sono tenuto alla larga dallo *shug*, una salsa a base di peperoni piccanti e spezie, avrei rischiato di rimanerci secco!

Dopo cena, dico ai ragazzi che ho necessità di stare da solo, mi accontentano. Mi dirigo sul lungo lago che mi ricorda il Garda. Cammino per un po', individuo una panchina e mi siedo a contemplare queste acque.

L'aria è calda ma gradevole. Ci troviamo a più di duecento metri sotto il livello del Mediterraneo. Dopo la cattività di Babilonia lo chiamavano *Mar di Genezaret*, dalla pianura che orna le rive nord-occidentali. Nei Vangeli, indifferentemente, è chiamato *Mar di Galilea* o *Mar di Tiberiade*.

Lo vedo Gesù, in compagnia di Simone e degli altri discepoli, intento a predicare su queste rive. Sento le loro voci, la loro emozione, la loro voglia di cambiare il mondo. Vedo Gesù calmare le acque quando l'imbarcazione sta per rovesciarsi. Marco parla di un miracolo: molti non sapevano nuotare, tutti rischiarono di morire. La mia mente corre ai tanti barconi che oggi, nel nostro Mar Mediterraneo, si rovesciano a pochi metri dalla costa, alle urla di disperazione delle madri, ai bambini che alzano le braccia per poi affondare, esausti, negli abissi.

Ci vorrebbe Gesù a perlustrare il mare, a regalare ai nostri fratelli disperati un salvagente, una via d'uscita. È sicuramente al fianco di coloro che, andando oltre l'ipocrisia di un certo Occidente benpensante, affrontano le acque gelide per salvare le vite innocenti di chi scappa dalle guerre e dalla fame.

Sono davanti a Gesù che, a bordo della barca ondulante e malferma, predica alla gente di Cafarnao e dei villaggi della Galilea; è un Gesù che arringa le folle, che non dimentica di essere stato cacciato dalla sua Nazaret: "Non crediate che io sia venuto a portare la pace, ma la spada", riferisce l'evangelista Luca. È un Gesù radicale, che vuole segnare il confine tra Dio e Satana e che al male rispose con decisione, scegliendo la croce.

Se i Crociati avessero letto attentamente le sue parole, quelle pronunciate da questo lago, probabilmente la storia avrebbe avuto un percorso differente. Troppe riflessioni, direi che può bastare. Mi alzo e mi riavvio alla pensione. I ragazzi mi stanno aspettando.

Shalom aleichem.

Il monte delle Beatitudini e Cafarnao
(Tiberiade – Menahemia)

Il programma viene stravolto fin dalla mattina. Un amico ebreo di Tel Aviv, che oggi ci avrebbe dovuto raggiungere per farci da guida nei luoghi di Gesù, ci scrive che suo papà è in ospedale e non può quindi spostarsi. Siamo preoccupati. Ci dice di tenerci liberi e che ci vedremo a Gerusalemme. Contattiamo Christos, un tassista di religione cristiana, per chiedergli di accompagnarci nelle tappe intorno a Tiberiade. Lui non può, ma ci manda un suo collega. In fretta e furia sistemiamo lo zaino e ci facciamo trovare pronti. Prima di salire negoziamo il prezzo, Adawiy è gentile e conosce bene i luoghi cristiani. Ci affidiamo e ci mettiamo in strada.

Prima tappa, a dieci chilometri da Tiberiade, il fiume Giordano dove fu battezzato il Nazareno. "Allora Gesù dalla Galilea venne al Giordano da Giovanni, per farsi battezzare da lui. Appena battezzato, Gesù uscì dall'acqua: ed ecco si aprirono per lui i cieli" riferisce l'evangelista Marco.

Perché solo *per lui*? Me lo chiedo mentre avanzo tra un gruppo di pellegrini polacchi e alcune signore peruviane che stanno scendendo da un pullman. In effetti, solo lui poteva vedere cosa ci fosse oltre lo squarcio, al di là delle nuvole.

Sono ansioso di raggiungere il fiume, di toccare queste acque sante. Luca e Chiara avvertono il mio stato di eccitazione. Giovanni Battista mi sta molto a cuore, nella chiesa di Orotelli a lui dedicata ho fatto il chierichetto per quattro anni.

Entriamo nell'area e avvertiamo immediatamente un'atmosfera di pace. Qui Gesù segnò il percorso della vita nuova e rafforzò l'alleanza con Giovanni il Battista, suo cugino.

Immergo i piedi, che sollievo, che emozione: non c'è cosa più gioiosa per un camminatore che trovare un corso d'acqua dove dare conforto ai propri piedi. Poterlo fare in questo fiume, poi, è l'apoteosi.

Con Luca e Chiara non ci sono parole, parlano gli occhi. Mi commuovo, mi ritorna in mente il giorno del loro battesimo a Milano e ora eccoci qui, tutti e tre alla fonte primaria: che straordinaria avventura è la vita!

Adawiy è un tipo tranquillo, conversa e vuole sapere dell'Italia, chiede del nostro Cammino, gli esponiamo i nostri propositi, incredulo chiede di scandire le parole, pensa di non avere capito e scuote la testa. Vuole proporci un suo percorso, gli diciamo però che ora ci aspetta la Montagna dove Gesù tenne il suo discorso più bello, quello delle Beatitudini. Acconsente, mette in moto e ci accompagna.

L'area è curata dai frati Francescani. Incontriamo molti gruppi di pellegrini italiani, spagnoli e francesi. Un viavai continuo. Ci appartiamo in un angolo e Luca comincia a leggere dal libretto che ci accompagna lungo il percorso:

"Beati i poveri in spirito...beati i puri di cuore, perché vedranno Dio". Chiara ascolta fissando l'ulivo che separa il piccolo altare dal vialetto. Questi ragazzi li vedo puri, vedranno certamente Dio!

Ci spostiamo a Tabgha, a soli cinque minuti, sempre a nord-ovest, sul lago di Tiberiade. Entriamo nella casa dedicata al primato di Pietro, dove Gesù si preoccupò di individuare tra i discepoli colui che avrebbe dovuto reggere le sorti delle prime comunità cristiane dopo la sua morte e Risurrezione. Scelse Pietro perché, soprattutto dopo la cacciata da Nazaret, fu quello che gli rimase accanto giorno e notte e lo accolse nella propria casa di Cafarnao. Qui, secondo il racconto di Giovanni, qualche giorno dopo la Risurrezione Gesù apparve agli apostoli disorientati e affranti e preparò "un fuoco di brace con del pesce sopra, e del pane" e, dopo la pesca miracolosa, li invitò dicendo: "Venite a mangiare". Il Figlio dell'Uomo sapeva che la sua apparizione non sarebbe bastata a confortarli, così pensò di rifocillarli un po' prima di parlare al loro cuore. D'altronde, *saccu boidu no abbarrat rizzu* (sacco vuoto non sta in piedi) mi disse Mario prima di arrivare a Cori.

Ci spostiamo e raggiungiamo un chiostro adornato da otto ulivi. La pietra mi ricorda quella leccese, in Salento. È la chiesa della moltiplicazione dei pani e dei pesci, la cui cura e custodia sono affidate ai monaci Benedettini tedeschi. Avanziamo, veniamo rapiti dal mosaico la cui raffigurazione ci accompagna fin dalla prima tappa a I'blin. Ai piedi dell'altare si trova il celebre mosaico raffigurante un cesto con soli quattro pani e due pesci. Sotto l'altare una pietra, la tocchiamo, non sappiamo esattamente di cosa si tratti. Tutti si mettono in fila per farlo. Scopriamo poi che è la pietra dove Gesù adagiò il cesto prima di compiere il miracolo.

Il Nazareno invitava alla preghiera, ma conosceva anche le necessità primarie dell'uomo. Non si può essere cristiani senza le opere, senza esercitare la carità verso il prossimo.

Ci spostiamo infine a Cafarnao, dove Gesù visse dopo avere lasciato Nazaret. La casa di Pietro fu la seconda importante dimora del Figlio di Giuseppe: sopra le è stata costruita una chiesa che ricorda la sagoma di una barca, d'altronde qui a Cafarnao Pietro faceva il pescatore. È una scialuppa che accoglie e regala la vita; fa un effetto strano pensare alle imbarcazioni che oggi, talvolta, sono simbolo di disperazione e di morte.

A Cafarnao Gesù fu particolarmente attivo, fu il luogo dove pronunciò il più alto numero di discorsi e fece i miracoli che lo proiettarono fino in Giudea. Qui arruolò Matteo, capo dei pubblicani, facendolo diventare una colonna portante dei dodici apostoli; qui la figlia del capo della sinagoga Giairo si levò dal suo letto di morte e riprese vita; qui guarì un paralitico in mezzo alla folla; qui curò la suocera di Simon Pietro.

Pochi giorni dopo la moltiplicazione dei pani e dei pesci si recò in sinagoga – malgrado fosse stato cacciato da quella di Nazaret, Gesù non aveva mai abbandonato il rito ebraico, continuava a seguire le leggi e a frequentare il tempio – prese la parola e, secondo quanto riferisce Giovanni, disse: "Io sono il pane di vita. Chi mangia la mia carne e beve il mio sangue ha la vita eterna". Per la seconda volta gli si rivoltarono contro. Nonostante i miracoli di cui erano stati testimoni, gli abitanti di Cafarnao, sobillati da un gruppo di farisei arrivati da Gerusalemme, assunsero un atteggiamento gravemente ostile nei confronti del "figlio del legnaiolo di Nazaret". Questa volta Gesù non esitò a predire il futuro di questa città: "E tu, Cafarnao, che t'innalzi fino al cielo, sarai abbassata sino al fondo dell'abisso. In verità io ti dico che nel giorno del giudizio, si procederà con meno rigore contro Sodoma che contro di te", scrive Matteo. Cafarnao fu distrutta da un terremoto nel 746 e non è stata più ricostruita.

Abbiamo ultimato le nostre tappe intorno ai luoghi della vita pubblica di Gesù, nel periodo antecedente al suo trentatreesimo compleanno. Prima di ripartire ci fermiamo in un chiosco e ordiniamo un succo di melograno; alzo gli occhi al cielo, cerco il Suo sguardo, so che ci sta seguendo e, in qualche modo, proteggendo.

Sul display del cruscotto il termometro segna quarantadue gradi. Chiediamo a Adawiy di accompagnarci in una località lungo il percorso della nostra rotta, Luca gli porge il GPS per fargli vedere la posizione esatta. Sono le 14, non capisce, non si capacita del fatto che ci deve lasciare per strada anziché portarci alla nostra destinazione finale. Dobbiamo insistere, è preoccupato, ci dice che non si può camminare con queste temperature, poi è già tutto pagato. Gli spieghiamo che il nostro è un pellegrinaggio e vogliamo respirare i luoghi vissuti dal Nazareno. Dopo Cafarnao Gesù, infatti, aveva iniziato la discesa lungo il Giordano, perché ormai gli era definitivamente chiaro che il suo destino era segnato. Fu un percorso consapevole: sapeva di dover morire per compiere la missione divina. Così si avviò verso la Città Santa. "Gesù passava per città e villaggi, insegnando, mentre camminava verso Gerusalemme". E noi vogliamo camminare verso Gerusalemme, spieghiamo a Adawiy.

Cede alla nostra richiesta e ci scarica in una rotonda, ai bordi della 90, l'arteria principale che collega la Galilea alla Giudea, passando per la Samaria. Lo salutiamo, ci lascia il suo numero di telefono e ci supplica di chiamarlo per ogni evenienza.

Eccoci nuovamente dentro la nostra rotta. Camminiamo per altri dodici chilometri, siamo felici ed emozionati. Abbiamo tanta voglia di parlare.

Alle 17 entriamo nel villaggio ebraico di Menahemia, mille abitanti, non si vede anima viva. Arriviamo alla casa prenotata. Siamo nelle mani di Luca, suoniamo ma nessuno ci apre, abbiamo sbagliato casa, è più su. Suoniamo ancora, ci viene incontro Gabriel, una signora ebrea che vive da sola. Ci fa entrare e, sull'uscio, inizia una sorta di interrogatorio sotto il flusso dell'aria condizionata, siamo grondanti e rischiamo la broncopolmonite, però ha voglia di parlare e Luca e Chiara non se la sentono di interromperla. Finalmente si ferma, dobbiamo pagare anticipatamente ma non funziona la carta di credito. Che fare? Le proponiamo di saldare dopo che ci siamo sistemati, ma vediamo che si ingrugnisce. Contrattiamo una soluzione, le proponiamo di andare insieme a lei a prelevare da qualche parte. Ci pensa un attimo, non ci sono banche nei paraggi. Mentre Luca continua la trattativa, io raggiungo la doccia, non posso sottostare a questo supplizio. Troviamo l'accordo: insieme, con la sua macchinina, andremo all'unico market del villaggio e lì cercheremo di racimolare un po' di contante. Strada facendo si ricorda che anche all'ufficio postale forniscono il servizio bancomat, quindi si va prima alle poste.

L'ufficio è una stanzetta annerita con una vetrata che sta cadendo a pezzi. Compiliamo il modulo sotto la sua stretta vigilanza, quindi strisciamo la carta, firmiamo altri due fogli e finalmente ci consegnano trecento *shekel* in contanti. Saldiamo e proseguiamo per il market, anch'esso sgarrupato.

Gabriel ci aspetta fuori ma è impaziente di rientrare a casa, non ha molta voglia di aspettarci, ci fa segni con le mani. Luca esce, si avvicina, le chiede di abbassare il finestrino, le dice qualcosa e poi rientra. Gabriel spegne il motore e si rilassa. Ci aspetta. Fossi andato io non mi avrebbe ascoltato e ci avrebbe mollato a piedi!

Giriamo per gli scaffali, troviamo una sottomarca di pasta e due pelati, poi un pezzo di formaggio e un po' di verdura. La cena è assicurata. Prepariamo il sugo secondo la migliore tradizione degli italiani all'estero e apriamo una bottiglia di *Karasì Areni*, un rosso armeno che ci permette di concludere questa magnifica giornata di sole e luce. La vita è bella.

Shalom aleichem.

Echi di guerra dalla Striscia di Gaza
(Menahemia - Beit She'an)

La tappa di oggi è molto impegnativa. Ci siamo alzati col proposito di anticipare la partenza di almeno un'ora, non vediamo l'ora di intingere i biscotti di riso nel latte del deserto. In cucina c'è un gran fermento. Quando però apriamo il contenitore per versare il latte scopriamo che si tratta di uno yogurt raffermo e insipido. Avevamo aspettative alte, considerato, peraltro, che lungo il percorso non troveremo punti di ristoro. La delusione è soprattutto negli occhi di Chiara, anche Luca fa trasparire il suo dispiacere, un po' si sente anche in colpa avendo, con me, fatto la spesa ieri sera. Osservando l'etichetta pensavamo si trattasse di una confezione di latte fresco, non ci siamo preoccupati di leggere le istruzioni, peraltro non ne avremmo cavato granché essendo scritto tutto in ebraico. Quindi, niente latte bollente ma solo un the striminzito, che pena!

Chiudendo la porta di casa ci viene incontro Gabriel: è ancora assonnata, ha i capelli per aria, sembra la *Strega di Benevento*, si rivolge esclusivamente a Luca, il suo preferito; ci consegna le ultime raccomandazioni, ci mette in guardia sul problema della sicurezza e sul fatto che oggi alle 16 inizia lo *Shabbat* e tutta la zona si ferma. Ascoltiamo le sue parole, ma non ci facciamo prendere dal panico. Abbiamo caricato gli zaini d'acqua e frutta, confidiamo di essere autonomi per tutto il percorso. Partiamo.

Non si sente un filo di vento, dopo solo un'ora siamo sudatissimi. Le temperature più tardi sono previste sopra i quaranta gradi. Aggrediamo la *route* 90 camminando in senso contrario alla direzione delle auto e dei camion. Stiamo scendendo verso sud. Siamo ancora in Galilea. Facciamo pause ravvicinate e brevi, i muscoli non devono allentarsi. Chiara propone ogni tanto le sue canzoni, ma, a causa del frastuono provocato dai camion, non riusciamo a sentire più di tanto, procediamo in fila indiana e a tratti con passi diversi.

Luca ha un'andatura rallentata, è impegnato nella gestione delle mappe e deve rintracciare *l'hospitalera* per definire l'ora del nostro arrivo a fine tappa. Lo vedo taciturno. Gli fa male la spalla, ma dice che vuole procedere lo stesso. Lo zaino, quarantotto litri, indosso a lui sembra un marsupio, per questo mi fa strano pensare che abbia problemi al dorso; d'altra parte, la sua più che decennale militanza in qualità di portiere nella squadra di calcio "a sette" lo ha fortificato per bene. Tuttavia, dopo dieci chilometri cede e accetta che gli spalmi un po' di crema, un antidolorifico assai efficace. Io sono addetto all'infermeria, dalle vesciche ai dolori muscolari, mentre ai massaggi ci pensa Chiara.

Riprendiamo la marcia. Appena individuiamo un albero malfermo decidiamo di fare una sosta, mangiamo due pesche e recitiamo una preghiera. Lo facciamo ogni giorno, con le intenzioni rivolte al Cielo, oggi a favore di una famiglia che chiede a Gesù conforto per una situazione di salute molto delicata. Gesù ascolta le preghiere dei suoi discepoli sparsi in tutto il mondo, tuttavia mi piace pensare che ascolti con particolare attenzione quelle provenienti dalla sua terra natia. Anche per questo amiamo camminare in una terra chiamata, ancora oggi, "Santa".

I piedi soffrono. Alla nostra destra, per tutto il percorso, solo colline bruciate dal sole; ci sono momenti in cui mi chiedo quale sia il vero motivo di questa resistenza e la risposta mi viene spontanea: Lui, quello della storia, che è nato e vissuto in questa terra e ha deciso di non rimanere chiuso in casa o in una sinagoga. Anche Gesù era un camminatore, ha percorso la Galilea fino alla Giudea con l'obiettivo di verificare il grado di attaccamento dei suoi amici alle cose terrene. A Pietro, suo braccio destro, disse di abbandonare tutto e di seguirlo. Mettersi in Cammino per Gesù era di per sé un atto di fede e Pietro, con gli altri discepoli di Galilea, si mise in Cammino. Ecco la ragione dei nostri passi, non c'è motivo più bello di questo, nonostante i quarantadue gradi.

Stiamo camminando lungo il percorso del Giordano, anche se non ci sono tracce d'acqua. Più scendiamo verso Gerico e più sprofondiamo verso l'avvallamento del Mar Morto. Al di là del fiume ci sono le colline della Giordania. Incrociamo i cingolati dell'esercito israeliano e, a gruppi di tre, le camionette di supporto. Ogni due chilometri, issata a presidio in mezzo al deserto, sventola la stella blu di David al centro di un *tallèd,* oltre a una fastidiosa distesa di filo spinato. Non siamo ancora in Cisgiordania.

Alla nostra destra piccole colline e alla sinistra il deserto, aspro e ruvido da togliere il respiro. Mi fermo, mi siedo su una pietra che scotta, slaccio lo zaino e cerco di mettere a fuoco lo stato d'animo di Gesù quando decise di percorrere questa lunga vallata.

Dopo aver rotto i ponti prima con il suo paese poi con Cafarnao scelse l'isolamento, decidendo di proseguire il Cammino verso Gerusalemme con pochi discepoli, nonostante fosse ormai conosciuto alle masse.

Gesù era un tipo riservato, non amava la confusione e quando era in mezzo alle folle preferiva ascoltare e osservare. Scelse un gruppo ristretto perché sapeva che la testimonianza di fede di pochi avrebbe avuto la forza di un uragano, più di una moltitudine inerme e senza storia. Ecco come selezionò gli apostoli: "Salì poi sul monte, chiamò a sé quelli che egli volle ed essi andarono da lui. Ne costituì dodici che stessero con lui" racconta l'evangelista Marco. A loro affidò il compito di partecipare al suo ministero, di annunciare il Regno e di operare i segni corrispondenti. Chiese loro di farlo in modo discreto, senza mai anteporre il proprio ego, la voglia di successo e di supremazia. Per questo li invitò a lasciare tutto, a rompere con la vita ordinaria e a seguirlo nella traversata lungo il Giordano. "Mentre attraversavano la Galilea, sua patria e teatro normale della sua predicazione, Gesù non vuole che si sappia dove sono" ricorda sempre l'evangelista Marco. Impose quasi un obbligo di riservatezza, perché era conscio che la missione nella quale li aveva coinvolti avrebbe cambiato la storia, e impose anche il distacco dal "mondo", dagli affetti più cari, dagli stessi parenti, che, al pari di molti altri, giudicarono il Nazareno un po' "fuori di sé".

Avrebbe potuto organizzare un gruppo più folto, farsi lui leader della nuova comunità religiosa, ma non lo fece. Perché? Non è facile dare una risposta. Rileggendo alcuni passi dei Vangeli sinottici, mi sembra che non volesse fare il capo politico, fondare una nuova società e nemmeno organizzare la rivoluzione per liberare Israele dall'occupante romano. Nella sua predicazione non si rinviene un modello specifico, un sistema da adottare, un codice da tradurre in atti amministrativi. Lui si preoccupava di parlare al cuore delle singole persone, al di là del tempo e dello spazio. Richiamava la legge di Dio, ma indicava anche un modo nuovo di vivere i rapporti nella comunità, tracciava le linee fondamentali della "rivoluzione dell'amore".

Nel pensiero di Gesù saranno beati coloro che al banchetto inviteranno poveri, storpi e ciechi perché non hanno nulla da ricambiare; ancora, per entrare nel Regno di Dio occorre imitare i bambini che nella società del tempo erano meno dei miserabili, non avevano il rango di persone. Gesù, infatti, dice: "Lasciate che i bambini vengano a me e non glielo impedite, perché a chi è come loro appartiene il regno di Dio", ancora Marco. Insomma, è un Gesù che capovolge le coscienze, che introduce un nuovo modo di ragionare, che pone al centro le persone, in una condizione di uguaglianza, un Gesù che anticipa le grandi questioni affrontate dalle istituzioni civili internazionali con quasi duemila anni di ritardo: l'uguaglianza, la fraternità, il rispetto.

I discorsi di Gesù erano semplici e brevi, mai parole che non fossero legate a casi concreti. Se non avesse fatto il pescatore e poi il predicatore e formatore di coscienze avrebbe potuto fare l'avvocato, sarebbe stato un fuoriclasse! Sapeva portare i casi della vita dentro precetti e regole che poi riproponeva attraverso le parabole, fornendo una soluzione sempre chiara e lineare.

Abbozzo queste mie riflessioni e le sottopongo ai miei compagni di viaggio. Mentre parlo Luca mi fa un cenno con la testa, mi invita a guardare in alto a destra, lungo la 90. Una colonna militare sta marciando in direzione opposta alla nostra, sono almeno otto furgoni, cellulari blindati, in assetto di guerra. Mi alzo e trattengo il respiro. Ci prendiamo per mano. Schizzano veloci, il primo con la sirena lampeggiante e un suono violento. Siamo preoccupati, mi ritornano in mente le parole di Gabriel. Guardiamo su internet, leggiamo che dopo il lancio di missili da parte palestinese, gli aerei israeliani hanno effettuato nel corso della notte scorsa attacchi multipli sulle postazioni militari nella Striscia di Gaza. E noi stiamo per entrare in Cisgiordania.

Ci riuniamo per un veloce "consiglio di guerra", dobbiamo decidere se proseguire a piedi o rimediare un passaggio in auto, ma non è facile. Ci hanno sconsigliato di fare l'autostop: la reciproca diffidenza fra israeliani e palestinesi potrebbe giocare brutti scherzi.

Decidiamo di procedere a piedi, ma siamo tesi.

Camminiamo per altre tre ore. Dopo ventisette chilometri, in lontananza, avvistiamo un pugno di case; pensiamo si tratti del nostro villaggio ma Luca, con un cenno di diniego, ci invita a proseguire. Chiara è un po' spaventata. «Quanto manca?». «Poco più di un chilometro». Cerco di diffondere un po' di buonumore, «state tranquilli, se ci dovessero fermare per qualunque motivo – dico – improvviserei un discorso in sardo stretto al punto che ci dovranno liberare per sfinimento!». L'ultimo pezzo di strada prima di fine tappa è il più duro, la mente ormai si è lasciata andare e ogni passo è più pesante di un sacco di cemento.

Eccoci di fronte alla nostra casa. Non sappiamo mai come sarà il nostro rifugio, partiamo sempre con aspettative basse perché ogni cosa in più sarà il più bel regalo della giornata. Oggi è andata benissimo: un bilocale molto grazioso, letto singolo per Chiara e letto matrimoniale per me e Luca. Ma c'è da correre, alle 16 qui a Beit She'an chiude tutto, inizia lo *Shabbat* e non vanno più i mezzi di trasporto, i negozi abbassano le serrande e nessuno risponde al telefono. Insomma, clima da coprifuoco sotto la calura desertica. Abbiamo un'ora a disposizione.

Individuiamo un market e ci precipitiamo a fare un po' di spesa. Quando entriamo ci guardano un po' storti, stanno lavando il pavimento e i bancali sono semivuoti. Riusciamo a prendere cinque pesche e un chilogrammo di prugne, poi un pacco di pasta, una confezione di pane secco, qualche dolce e un litro di latte (speriamo sia quello giusto) e ritorniamo in casa. Lo *Shabbat* dura fino alle 21 di domani.

Abbiamo fatto il carico d'acqua. Tuttavia, la famiglia che ci ospita ci ha detto che possiamo bussare alla loro porta per qualunque necessità.

Ci chiudiamo in casa, non abbiamo paura. Sappiamo che Gesù è con noi.

Shalom aleichem.

Lungo la valle del Giordano
(Beit She'an – Monte Gilboa)

Sono sveglio dalle 4, Luca e Chiara dormono ancora. Esco in strada. Il villaggio è immobile, non si sentono galli cantare o cani abbaiare. L'aria è ferma. È *Shabbat*, giorno di riposo assoluto per gli Ebrei, per onorare Dio.

Alle 6 completiamo la preparazione, portiamo due vaschette di frutta e tre litri d'acqua a testa. Risaliamo verso il monte Gilboa, uno dei più alti di questa regione. Ci aspettano ventotto chilometri sotto il sole imperioso.

Le notizie di ieri sera dalla Striscia di Gaza ci mettono in apprensione. Stiamo procedendo lungo la valle del Giordano. Domani affronteremo il primo checkpoint, la tensione si avverte, è profonda, ci sono ragioni contrapposte che non riescono a trovare composizione.

Nel 2014 papa Francesco disse che "bisogna avere il coraggio della pace", che poggia sul riconoscimento da parte di tutti del diritto di due Stati a esistere, a *godere* della pace. Questa è la Terra Santa, per cristiani, musulmani ed ebrei, però non può continuare a chiamarsi tale se viene meno il coraggio della pace. Io la penso come Francesco, che è un vero, autentico, successore di Pietro.

Mentre iniziamo la marcia commentiamo le notizie provenienti da Gaza. Chiara mi chiede di fare chiarezza, di delinearle un po' il quadro di questo interminabile conflitto, ci provo, non è facile districarsi fra date e avvenimenti, poi tutto è controverso, qualunque lettura rischia di essere interpretata in modo sbagliato. Anche Luca si predispone all'ascolto.

Il conflitto ha radici profonde: sin dalla fine del diciannovesimo secolo sia il movimento sionista che quello nazionalista palestinese considerarono il territorio geografico della Palestina come la propria patria.

Nel 1948 ci fu l'autoproclamazione dello Stato d'Israele e lo spezzettamento del territorio: da una parte gli israeliani, dall'altra i palestinesi, sulla base di una risoluzione dell'Onu (la famosa n. 181 del 1947), votata a maggioranza semplice. Il mondo arabo ha sempre disconosciuto tale risoluzione e di conseguenza anche lo Stato d'Israele, tranne l'Egitto dopo specifici accordi e recentemente anche gli Emirati Arabi Uniti e il Bahrain.

La risoluzione raccomandava la spartizione del territorio conteso tra uno Stato palestinese, uno ebraico e una terza zona che comprendeva Gerusalemme, amministrata direttamente dall'ONU.

Le nazioni arabe fecero anche ricorso alla Corte Internazionale di Giustizia, sostenendo l'incompetenza dell'assemblea delle Nazioni Unite a decidere la ripartizione di un territorio in quanto violava la volontà della maggioranza dei suoi residenti, ma il ricorso fu respinto.

Da allora guerre: nel 1948, nel 1956, quella dei *Sei giorni* del 1967 e del *Kippur* del 1973. Poi la prima e seconda *Intifada*, negli anni Ottanta, lungo la Striscia di Gaza. In particolare, con la guerra del 1967, Israele riusciva a occupare militarmente la Penisola del Sinai e la Striscia di Gaza e a inglobare l'intera Cisgiordania (compresa Gerusalemme Est), che fino ad allora era rimasta sotto la protezione della Giordania.

Seguirono una serie di accordi di pace, il più importante dei quali quello di Oslo del 1993, in base al quale Israele si sarebbe ritirato dalla striscia di Gaza e dall'area di Gerico in Cisgiordania e le avrebbe lasciate amministrare da un'autorità di auto-governo palestinese. Gli autori di questi storici accordi, Arafat per i palestinesi e Rabin per gli israeliani, furono insigniti del premio Nobel per la pace. Rabin venne poi ucciso da un militante dell'estrema destra religiosa israeliana contrario al processo di pace.

La verità è che questi accordi ancora oggi non reggono: lo Stato palestinese non è mai nato e numerose aree originariamente assegnate dall'ONU ai palestinesi vedono in molte parti la presenza di coloni israeliani. In contemporanea proseguono sia le ostilità che, timidamente, i negoziati di pace.

«Insomma, non c'è via d'uscita?».

«Ho paura che la soluzione sia lontana, sento parlare di questo conflitto fin da quando ero ragazzo».

«Se penso alla rabbia di Simon a Cana...» aggiunge Luca.

«Tutti però devono fare un passo avanti e tutti un passo indietro».

«Ad esempio, come?» interviene Chiara.

«Beh, ad esempio rimettendo sul tavolo la questione di Gerusalemme, autoproclamata capitale d'Israele ma mai riconosciuta come tale dalla comunità internazionale. Gerusalemme è la *Città Santa*, la culla di tre religioni e di tre civiltà, bisogna parlarne...».

«Anche l'Italia non ha riconosciuto Gerusalemme come capitale d'Israele, tant'è che la sede dell'ambasciata è a Tel Aviv».

«Però bisogna crederci, bisogna partire dalla propria convinzione interiore».

«Occorrerebbe un movimento trasversale...».

«Non è facile».

«Sembra impossibile, ma bisogna tentare e fare i conti con la realtà. Ma di questo ne parleremo. Non vedo l'ora di arrivare a Gerusalemme».

«Anch'io papà».

Iniziamo a scendere, a tratti vediamo in lontananza il Monte Tabor e poi la vallata che raggiungeremo più tardi. Il letto del Giordano soffre, ma qua e là vediamo dei bacini artificiali: sono stati realizzati attraverso un sistema di canalizzazione dell'acqua del mare. Leggo che Israele, uno dei paesi più aridi del mondo, ora sta risalendo la china. Devo dire che gli israeliani non si arrendono facilmente, sono più cociuti di noi sardi!

Alle 12 siamo a valle; lungo il percorso non incontriamo auto e tanto meno camion, il vento è caldissimo. Intravediamo un distributore di benzina (la salvezza di questo nostro Cammino), entriamo nel market collegato e facciamo carico d'acqua.

Procedendo vediamo una fila di alberi ad alto fusto, un cartello e alcune auto, deviamo incuriositi: è un parco con alcuni laghetti, un'oasi vera e propria in mezzo al deserto; paghiamo il biglietto ed entriamo. Ci troviamo di fronte a tante famiglie con ombrelloni, borse frigo, sacchi di carbonella e tascapani zeppi di carne da grigliare. Qua e là carboni ardenti, i fumi rendono l'aria irrespirabile, sembra la festa di san Costantino in Sardegna. Facciamo fatica a trovare un posto all'ombra, siamo costretti a spostarci da una palma all'altra. Arabi ed ebrei non praticanti trascorrono in questo rifugio naturale il giorno della festa. Non capiamo, pare siano costretti a festeggiare di nascosto per non urtare la ricorrenza della legge scritta nella *Torah*.

Ci liberiamo degli zaini e rinunciamo all'ombra, ma siamo nervosi: ci sentiamo come dei corpi estranei, fuori dal rito collettivo di tanti piccoli nuclei familiari che azzannano e divorano provviste in un giorno in cui tutto dovrebbe tacere.

Abbandoniamo l'oasi e torniamo in strada. Ascoltiamo la musica proposta da Chiara, canzoni che soddisfano i gusti di tutti, i grandi cantautori degli anni Settanta e Ottanta. Quando parte *Generale* di Francesco De Gregori preferiamo concentrarci più sul testo che sulla musica: il poeta si chiede cosa porti in dote la guerra, che cosa lasci in eredità a chi non l'ha combattuta. All'apparenza una bella vittoria, ma tutt'intorno desolazione e abbandono, "aghi di pino e silenzio e funghi", buoni per farci il sugo a Natale, buoni a nulla. La guerra lascia il nulla.

Ci riappropriamo del buonumore, oggi abbiamo voglia di parlare più del solito, anche per farci coraggio reciprocamente. Facciamo il gioco dei difetti, ciascuno di noi deve indicare le carenze degli altri. I figli fanno fatica a elencarli, fanno tutte le premesse del caso, senza arrivare a formulare nulla di specifico e anch'io non riesco a trovare difetti in questi due splendidi ragazzi. Ridiamo, ne nasce una bella discussione, ci ricolleghiamo alla vita reale, quella che ci attende fra qualche giorno quando rientreremo a Milano.

Procediamo verso sud, fra due giorni contiamo di arrivare a Gerico. Leggo dell'incontro di Gesù col cieco di questa città: "Cosa vuoi che io faccia per te?". Il cieco gli rispose: "Rabbunì che io veda di nuovo!". E Gesù gli disse: "'Va', la tua fede ti ha salvato'. E subito vide di nuovo e lo seguiva lungo la strada".

Sempre la strada, il Cammino. Gesù calpestava i nostri stessi sentieri e non si preoccupava di contare quanti discepoli lo stessero seguendo, non era mai in affanno. Si affidava al Cammino perché sapeva il fatto suo. Nella fede del cieco vedo la grande prospettiva di questo Cammino.

Luca fa ripartire la sua playlist, Venditti, *Che fantastica storia è la vita*. Ci guardiamo per una conferma. La nostra è meravigliosa.

Shalom aleichem.

Checkpoint in Cisgiordania
(Beit She'an - Shadmot Mehola)

Mi sveglio pensando al checkpoint per entrare in Cisgiordania e sono un po' preoccupato. Nello stesso tempo la mente corre ai posti di blocco di polizia e carabinieri nella mia Barbagia che, soprattutto durante l'infanzia, negli anni bui dei sequestri e delle rapine ho imparato a conoscere. Certo, non è la stessa cosa ma è a quei ricordi, ora, che corre la mia mente.

Coi ragazzi faccio il ripasso del contenuto dello zaino e dei documenti. Proviamo anche a fare la simulazione di un eventuale interrogatorio. Controlliamo accuratamente lo zaino, lo svuotiamo e poi lo ricomponiamo.

Partiamo. Le previsioni metereologiche non sono buone, io sono costretto a cambiare le calze dopo appena un'ora di cammino, l'asfalto bolle fin dalle 7.

La mia testa è sempre sul checkpoint previsto per metà tappa. Avanziamo, apro la cordata. Da una parte all'altra la terra arde, desertificata nel suo abbandono secolare; nei piccoli tratti dove riescono a coltivarla si diffonde un odore ripugnante, probabilmente causato dall'uso indiscriminato e violento di fertilizzanti.

Oltre il tracciato del fiume vediamo le colline bruciare, con delle fiamme che sembrano perdersi nel nulla per poi scomparire definitivamente all'orizzonte. C'è anche un circuito interno che collega la Galilea con la Giudea, tuttavia preferiamo camminare a ridosso della *route* 90, la stessa direttrice lungo la quale si spostò Gesù.

Ci fermiamo per bagnarci i capelli, ci riprendiamo un po', facciamo fatica a parlare. Il deserto ti avvolge, rischi di perderti. Sei attratto ma non puoi dargli confidenza, può toglierti la concentrazione. Il cielo si schianta sulle collinette con il suo azzurro penetrante, lo sento a due metri dallo zaino.

Vorrei fermarmi, scrivere due appunti, ma è meglio procedere, superare il prima possibile la barriera. E se ci bloccassero? Se, per effetto degli scontri in corso a Gaza, non ci facessero passare? È un pensiero che mi raggela, non potrei accettare questo divieto.

Avanziamo. Chiara procede spedita, gronda di sudore. Le allungo una bottiglia, se ti fermi rischi di farti travolgere dalle allucinazioni. Provo a immaginare lo stato d'animo del Nazareno quando si ritirò in questo luogo abbandonato da tutti – tranne che dal diavolo - per quaranta giorni, senz'acqua, amici e cibo.

Luca ci avvisa che il checkpoint sarà fra due chilometri. Lui davanti, Chiara in mezzo e io a chiudere la cordata.

Intravedo la barriera. Mi tremano le gambe, anche se non abbiamo nulla da temere, è tutto in regola, vogliamo solo abbracciare Gesù a Gerusalemme.

Quando arriviamo al blocco mi sembra di essere di fronte a una qualunque dogana autostradale, se non fosse per le armi impugnate dai giovani militari. Nella direzione opposta alla nostra c'è una lunga fila di macchine, tutti hanno il motore spento, domina un silenzio surreale. Sono i palestinesi che si stanno spostando verso il Distretto nord. Pare che i controlli non abbiano un tempo prestabilito: possono durare anche un'ora per auto, i soldati giocano allo sfinimento. Basta che abbiano un minimo sospetto e l'automobilista palestinese viene trattenuto in una stazione a ridosso della barriera e poi rilasciato dopo diverse ore.

I soldati sono tutti giovanissimi, hanno un'espressione impassibile, quasi cattiva, non si fidano neanche fra loro. Non sappiamo cosa fare, nessuno ci viene incontro, tutti sono concentrati sull'altro versante. Fino a quando non ci raggiunge un ragazzo dagli occhi verdi, dell'età di Chiara, che impugna il mitra con la stessa disinvoltura con cui noi regoliamo il nostro zaino. Ci dice qualcosa in ebraico, Luca saluta e noi ci accodiamo.

Ci chiede di fermarci, di non andare oltre. Chiama il suo superiore che sta ultimando il controllo di un fuoristrada dall'altra parte. Gli fa cenno di tenerci bloccati. La scena è insolita anche per loro. Chi sono questi pazzi che entrano a piedi in Cisgiordania con una guerra in corso?

Il ragazzo dagli occhi verdi chiede a Luca da dove veniamo, ma lo fa a bassa voce, più per curiosità che per dovere, evidentemente le regole d'ingaggio non gli consentono di avviare l'interrogatorio. Io osservo, dico ai ragazzi di lasciare le mani libere e di non fare movimenti strani. Sulla collinetta ci sono altri militari col fucile puntato verso la barriera dove stazioniamo.

Finalmente il capo viene da noi, ha l'aria scocciata. Ci chiede i documenti, da dove arriviamo e dove stiamo andando. Gli diciamo che vogliamo raggiungere Gerico e poi Gerusalemme, senza dilungarci sulle motivazioni di questo Cammino. Ci controllano gli zaini e ci fanno passare.

Poi il giovane-capo ci richiama, non riesce a capacitarsi del nostro passaggio sotto questo sole spietato. Ci chiede se abbiamo acqua a sufficienza e se vogliamo un cappellino per coprire la testa. Gli spieghiamo che abbiamo tutto l'occorrente e gli facciamo vedere il nostro copricapo bianco e le bottiglie; una, comunque, la va a prendere dalla camionetta e ce la porge, in segno di amicizia. Faccio un respiro prolungato, vorrei sciogliermi e parlargli di Gesù che sicuramente ha guidato il gesto di questo ragazzo, al quale è toccato in sorte di vestire un abito verde e di impugnare un fucile, forse anche contro la sua volontà.

Oltrepassiamo e procediamo, sempre a passo sostenuto, non vorrei che ci richiamassero indietro. Malgrado il gesto finale, sento addosso tutta la lacerazione e il sangue che sgorga da queste barriere di odio e di morte. Pare che questi "impedimenti fisici" siano operativi dal 1967. In teoria dovrebbero proteggere Israele, ma non sono posizionati solo sulla frontiera anzi, la maggior parte di essi pare sia sparsa per tutta la Cisgiordania, separando le comunità palestinesi e rendendo l'accesso a città e villaggi quasi impossibile.

I checkpoint non sono solo collocazioni permanenti gestite da soldati israeliani: pare che molti siano posti di blocco che impediscono il transito, dei veri e propri sbarramenti fissi innalzati con transenne in metallo, mucchi di terra o fortificazioni in cemento. Ci sarebbero anche "checkpoint volanti", vale a dire barriere temporanee erette a discrezione degli ufficiali israeliani al comando.

Dal punto di vista della mobilità, questi checkpoint sono una vera sciagura: rallentano gli spostamenti per lavoro e costringono i palestinesi a programmare con largo anticipo i loro trasferimenti. In nome della sicurezza si sacrificano altre libertà fondamentali, tra cui la libertà di impresa.

Siamo così entrati in Cisgiordania, una terra contesa e oggetto di continui negoziati. Palestinesi e Israeliani cercano un difficile componimento.

Ai bordi della strada vedo un residuo di guerra, un pezzo di carro armato arrugginito: si distinguono il corpo motore e il cannone puntato verso l'alto. È lì, abbandonato, come a voler dire che la ferita è più che mai aperta, che la guerra è una condizione permanente; anche i bambini sono educati alla lotta armata, alla coabitazione con i cingolati dei campi di addestramento, ma anche di quelli che hanno segnato e scandito la storia del giovane Stato. Eccoli quindi per strada, ogni giorno si fa memoria. E qui la storia è fatta dalle guerre, una dopo l'altra, fin dal 1948.

La Cisgiordania è un territorio abitato da circa unmilionetrecentomila palestinesi e da quattrocentomila coloni israeliani.

Procediamo lungo la 90. Non troviamo un albero per consumare la nostra frutta, perciò scegliamo di fermarci sotto la pensilina della fermata di un bus. Ancora un momento di panico. Scopriamo che queste fermate sono i punti preferiti dai terroristi, infatti, ad altezza d'uomo, di fronte alla tettoia sono installati due blocchi di cemento armato. Ci sediamo per terra e rimaniamo coperti, ma solo per qualche minuto, il tempo necessario per fare un po' di stretching, ci bagniamo la testa e ci rimettiamo in cammino.

Dopo più di sette ore di marcia, vediamo il primo cartello che indica la nostra destinazione: Shadmot Mehola. Mi rilasso e spero non ci siano altre salite, ho esaurito le forze. I ragazzi invece resistono, fanno anche alcune foto; Luca, la nostra guida, si abbandona a un lungo sorriso. La salita invece c'è, mannaggia.

Entriamo in questo piccolo villaggio, un altro checkpoint. Dietro la garitta una ragazza sui trent'anni, anche lei in divisa; al suo fianco, su un tavolino, una pistola. I suoi occhi sono scuri, abbozza un sorriso di circostanza, carattere forte sicuramente, ci chiede il passaporto, ci dà il benvenuto e ci dice di entrare. Preme un pulsante e si alza la sbarra. Ci sussurra: *Shalom*. La pace degli ebrei non è solo l'assenza di guerra o di conflitti, è la pace con Dio, con sé stessi, con gli altri e, addirittura, con il Creato.

Risaliamo per altri cinquecento metri e veniamo accolti da due ragazzi ebrei particolarmente gentili che ci accompagnano a una casetta appena ristrutturata e ci danno tutte le istruzioni del caso. Ci dicono che possiamo comprare qualcosa presso un negozietto a poche centinaia di metri. Siamo in un'altura, davanti a noi le colline della Giordania.

Usciamo per racimolare il cibo per la cena e vediamo alla nostra sinistra una bandiera israeliana, chiedo a Luca di indicarmi con più precisione la posizione, faccio alcune verifiche e solo ora ci accorgiamo di essere all'interno di uno stanziamento israeliano. Leggiamo che Shadmot Mehola è un insediamento israeliano nel nord della Valle del Giordano, installato nel 1979 su terreni agricoli appartenenti alla famiglia Al Fukha di Ein El-Beida. Siamo disorientati, quando abbiamo prenotato non siamo andati a fare verifiche più di tanto. Siamo a disagio. Sappiamo che tutti i maggiori organismi internazionali, a partire dal Consiglio di sicurezza dell'ONU, hanno qualificato questi insediamenti come una violazione del diritto internazionale.

Avrei voluto parlare con i ragazzi che ci hanno accolto, chiedere il loro punto di vista, confrontarci. La ragione non sta solo da una parte, anche se alcune fondamentali regole della coabitazione fra popoli non devono mai essere messe in discussione.

Ma noi siamo dei pellegrini sulle orme di Gesù, per noi questa è la sua terra, dove ha trascorso quaranta notti in totale digiuno, cercando l'aiuto di Dio e implorando la pace per il suo popolo. Siamo sui suoi passi, ci sentiamo vicini al grande appuntamento.

La temperatura si sta abbassando e il cielo si colora di rosso, dall'altra parte del fiume vediamo le luci che arrivano dalla Giordania e tutte le tensioni sembrano allentarsi.

La tavola è imbandita, non abbiamo più paura. Sentiamo la meta vicina. Mi vengono in mente le parole del salmo 122, che è il salmo dell'approdo alla città Santa:

"Quale gioia, quando mi dissero:

'Andremo alla casa del Signore!'.

Già sono fermi i nostri piedi alle tue porte, Gerusalemme!".

E noi ormai, veramente, ci sentiamo alle porte di Gerusalemme.

Shalom aleichem.

L'albero di Zaccheo
(Shadmot Mehola – Gerico)

Il sole spunta davanti a noi. Dall'altra parte del fiume sempre la Giordania. Avevano ragione: l'escursione c'è stata, l'aria è gradevole e le pietre ai bordi del tavolo si sono rinfrescate e ora ci invitano a sederci prima di ripartire.

Prepariamo la colazione all'aperto. Chiara è felice, mi spiazza tutte le volte che la vedo così aperta alla vita. Io sono malinconico. Faccio un giro intorno al nostro riparo. Vedo barriere e filo spinato e sento rumori di esercitazioni militari. Dai cartelli disseminati intorno alla nostra casetta scorgo la lacerazione di questa terra. Talvolta vorrei perdermi nell'innocenza dei ragazzi e non pensare alla durezza di questi contrassegni, noi adulti siamo spesso capaci di infrangere i sogni e di rovinare la poesia che accarezza il mondo.

Non abbiamo molto tempo, alle 7 dobbiamo essere alla fermata del bus che ci riporta sul nostro Cammino.

Il sole si alza dietro i monti, lasciandoci senza parole: mi sento dentro un vortice, toccare con mano il conflitto è cosa diversa dal sentirne parlare in televisione.

Zaini in spalla, percorriamo una stradina interna che ci è stata raccomandata ieri sera. Arriviamo a un cancello che si apre con un codice. Lo superiamo e dopo qualche metro ci troviamo alla fermata. Il bus arriva puntuale. Non possiamo salire con gli zaini, li collochiamo nel portabagagli. A bordo troviamo prevalentemente ragazzi diretti a Gerusalemme. Le ragazze sono più sciolte, mi colpiscono due di queste in divisa. Scrivono sullo smartphone, parlano sottovoce e ridono di gusto. I ragazzi, quasi tutti con la *kippah*, leggono un librettino ingiallito. Ci sediamo agli ultimi posti.

In una piccola stazione di servizio, in mezzo al deserto, il bus si ferma per un veloce *pit stop*. Scende una delle due soldatesse, vicino alla fermata notiamo un presidio armato, tutto intorno c'è il filo spinato. La ragazza ha il mitra a tracolla, noto le sue unghie colorate e gli anfibi. Pare che faccia da scorta all'autobus. Non ha più di venticinque anni, risale e si siede al centro con la sua mitragliatrice portatile. Intorno a noi un'insolita aria di normalità.

Aumenta il mio stato di attenzione. Un ragazzo dell'età di Luca ci avvisa della fermata. Scendiamo per proseguire a piedi il nostro Cammino.

Siamo a ventotto chilometri da Gerico, nel cuore del deserto. Risaliamo le colline rocciose e facciamo alcune foto, la terra è di un bianco accecante. Gerico si trova a circa trecento metri sotto il livello del mare, nella grande area della dolina provocata dal Mar Morto.

Ci sembra di avanzare sui carboni ardenti, sentiamo i sassi sulla nuda pelle, li avvertiamo come dei chiodi infuocati al punto che siamo costretti a camminare in punta di piedi, ci vogliono ricordare che a Gerico si entra con il massimo della concentrazione. Il sole ci accompagna e, con i suoi raggi arroventati, ci toglie le forze residue.

Ecco le prime case della città, un cartello avverte che è vietato l'ingresso ai cittadini israeliani: pericolo di morte. Le indicazioni stradali ora sono solo in arabo.

Ai primi alberi ci fermiamo per la pausa frutta. Arriva un ragazzo in moto, vestito tutto di nero, non parla inglese, farfuglia parole incomprensibili e si muove con aria sospetta. Rimaniamo seduti. Scruto la zona a centottanta gradi, secondo le tecniche dei miei amici pastori. Si avvicina e ci fa segni per dire che è pericoloso camminare con questo caldo. Ci indica di stare fermi, di non muoverci; riparte con la sua moto e ritorna con una bottiglia di succo d'uva e una scatola di biscotti. Voleva solo accoglierci!

Procediamo. Lungo la strada si fermano alcuni automobilisti, tassisti compresi, per proporci un passaggio: cortesemente rifiutiamo, non sanno che i pellegrini vogliono arrivare a destinazione con i propri piedi.

Avanziamo e dopo due chilometri massacranti raggiungiamo il centro della città (diciottomila abitanti). Molti ragazzini sfrecciano in bicicletta e ci salutano alzando le braccia al cielo. Nonostante le vetrine siano malmesse, espongono un po' di tutto: dalle scarpe agli articoli per la casa. Un gran viavai. Gerico è la città più antica al mondo (diecimila anni), grazie soprattutto a una sorgente che fornisce l'acqua per i campi e per gli usi domestici.

Dobbiamo raggiungere il nostro riparo per la notte. Io sono al limite delle forze, Luca è silenzioso, più concentrato che mai, mentre Chiara si avventura a chiedere informazioni sfoggiando la sua precaria conoscenza del vocabolario arabo.

Accompagnati dall'odore ripugnante di alcune spezie, facciamo ingresso in ostello. L'*hospitalero* è gentile, ci dà le informazioni necessarie. Dal corridoio arrivano voci fastidiose che contrastano con il silenzio della casa: sono dei signori italiani, litigano per una questione di soldi. Un po' ci vergogniamo per loro, ma stiamo in disparte per poi ritirarci nella nostra stanza.

Poco distante da noi si trova il *Monte delle Tentazioni*, dove un monastero greco-ortodosso commemora i quaranta giorni di digiuno trascorsi da Gesù nel deserto, mentre era tentato dal diavolo. Leggo: "Il tentatore si avvicinò e gli disse: 'se tu sei Figlio di Dio, dì che queste pietre diventino pane'". Ma egli rispose: "Sta scritto: 'non di solo pane vivrà l'uomo, ma di ogni parola che esce dalla bocca di Dio'". Deve averlo capito anche Zaccheo, il pubblicano che abbandonò i suoi soldi per seguire Gesù.

In ostello è impossibile stazionare, l'aria è irrespirabile. Facciamo il bucato e chiediamo al responsabile della struttura di accompagnarci in centro.

La città è caotica, il traffico scomposto.

Il sole si sta ritirando e da sud tira un leggero vento che porta la salsedine del Mar Morto. Sulla piazza centrale si erge una moschea con il suo minareto illuminato a festa. Il *muezzin* annuncia l'ora della preghiera, una cantilena dai toni minacciosi.

Un signore sui settant'anni viene attratto dal sorriso di Chiara, ci viene incontro e ci invita all'interno del suo negozio, il più grande della piazza. È uno spaccio con un vasto assortimento che va dalla frutta ai cellulari. Ci offre un grappolo d'uva e tre datteri *Medjoul*, buonissimi!

Sentiamo gli occhi addosso, un po' intuisco i loro pensieri, capiscono che siamo una famiglia. Anche qui un signore, abito marrone, cravatta arancione e camicia azzurra, non si fa problemi e ci chiede di scambiare due parole. Rivolto a me, dice: «Lei è tua figlia, siete identici...». Luca da dietro gli conferma la circostanza, con un'espressione che vuole manifestare che anche lui ne fa parte.

Non vediamo turisti in giro, neanche pellegrini, i tanti che si spostano in pullman quasi mai pernottano da queste parti. Gerico è considerata una città ostile e pericolosa, difficile da affrontare e da vivere. È un'enclave palestinese, la capitale del territorio. Qui sono concentrati gli uffici amministrativi e militari. È conosciuta anche come "città delle palme" o "città della luna", nella Bibbia si legge di una conquista ad opera di alcune tribù ebraiche che ne sterminarono gli abitanti "per la gloria del Signore".

Proseguiamo il nostro percorso sbirciando dentro i negozietti: non ci sono porte, tutto è esposto e tutti possono accedere direttamente e toccare la merce. Evitiamo di farlo, vogliamo arrivare prima di cena all'albero di Zaccheo.

Facciamo sosta davanti alla parrocchia del Buon Pastore dove i Francescani svolgono la loro missione. Accanto alla chiesa è stata costruita una scuola che arriva a ospitare anche cinquecento studenti, musulmani e cristiani insieme, dalla materna alle superiori.

Eccoci davanti al *sicomoro*, l'albero dove Zaccheo, l'esattore capo della città, si arrampicò nel tentativo di vedere Gesù che parlava agli abitanti della città. "Cercava di vedere chi era Gesù, ma non gli riusciva a causa della folla, perché era di piccola statura" scrive l'evangelista Luca.

Zaccheo era disprezzato da tutti per il suo mestiere e per il fatto che le tasse le riscuoteva per conto dei Romani, i quali consideravano Gerico un centro amministrativo e militare particolarmente strategico. Zaccheo era inviso perché faceva parte di un sistema corrotto, ampiamente tollerato dal potere di Roma.

Nella descrizione dell'evangelista Luca traspare la goffaggine di Zaccheo. Come avrà fatto a scalare l'albero? Quello davanti a noi non sembra difficile da risalire, sempre che sia lo stesso di oltre duemila anni fa. Il nostro Luca ci dice, attingendo dalla guida, che parrebbe essere lo stesso, ce lo ha confermato anche il rivenditore ambulante che poco fa ci ha rifilato due sacchetti contenenti il frutto di sicomoro tostato; ci ha anche proposto l'acquisto di un anello e di due bracciali ornati di alcune pietre che ha giurato essere originali del deserto. Non ha insistito dopo aver incrociato lo scetticismo dei miei occhi.

Perché Zaccheo, ricco, potente e protetto dai Romani, sente il bisogno di vedere e incontrare Gesù?

La verità è che il piccolo esattore stava iniziando il suo Cammino di conversione, aveva solo bisogno di qualcuno che lo accogliesse in questo suo percorso. Ecco, quindi, il Nazareno che nulla sapeva di lui. Appena lo vide goffamente aggrappato ai rami del sicomoro gli disse: "Zaccheo scendi subito perché stasera devo fermarmi a casa tua". Immagino lo stupore della folla, lo sbigottimento di molti: "Chi? Lui? Ma sei sicuro? Quello è un verme, è l'esattore capo, il servo dei Romani!". Ma Gesù non ne volle sapere. Non raggiunse Gerico per fare proseliti ma per affermare la sua Parola.

Zaccheo ancora più impacciato scese dall'albero e, accogliendolo, gli disse: "Ecco, Signore io do la metà di ciò che possiedo ai poveri e, se ho rubato a qualcuno, restituisco quattro volte tanto". Il piccoletto sapeva di avere la coscienza sporca, le sue parole furono, tuttavia, percepite come sincere, il suo percorso di conversione sembrava effettivamente ed efficacemente avviato.

Anche qui Gesù rischiò di essere cacciato, se non avesse chiarito poi il suo pensiero in tema di ricchezza e di potere. L'evangelista Luca colloca la vicenda di Zaccheo immediatamente dopo quella del "giovane notabile e ricco", il quale chiese a Gesù cosa dovesse fare per ottenere la vita eterna: "Vendi tutto quello che hai e distribuiscilo ai poveri" senza troppi giri di parole. Credo che anche alla folla di Gerico Gesù spiegò lo stesso concetto, non c'erano alternative per chi realmente volesse aggregarsi a lui; d'altronde, parlando ai suoi stretti discepoli, disse che "è più facile per un cammello passare per la cruna di un ago che per un ricco entrare nel regno di Dio".

Li vedo gli abitanti di Gerico rientrare, taciturni, nelle proprie case e vedo Gesù conversare amabilmente al tavolo con Zaccheo, chiedergli delle vicende ordinarie, dei suoi familiari e parenti. Senza giudicare.

Quando decidiamo di congedarci dall'albero di Zaccheo, Luca rimane seduto in disparte.

«Andate, vi raggiungo più tardi» ci dice.

Con Chiara ci guardiamo un po' smarriti. Andiamo dove? Fin dall'inizio del Cammino ci spostiamo sempre all'unisono, tuttavia rispettiamo il suo desiderio di rimanere da solo con i propri pensieri e ci allontaniamo, senza però perderlo di vista. Chiedo a Chiara se per caso abbia ricevuto qualche notizia dall'Italia che possa avere turbato il suo stato d'animo. «No, papà, non mi risulta».

Dopo quasi un'ora si alza e si dirige verso di noi, lo aspettiamo in silenzio.

«Tutto bene Luca?».

«Sì, sì tutto bene».

«Posso chiederti...».

«Non è necessario papà...».

Riprendiamo a camminare, tutti e tre in attesa di uno spunto, di una parola che possa riaprire il dialogo, animati dalla voglia reciproca di parlare, di ascoltarsi e di affidarsi l'uno agli altri, così come accade sin dall'inizio del Cammino.

«Stavo pensando alle parole di Zaccheo, al suo desiderio di conversione, alla sua necessità di cambiare vita, di abbandonare i Romani, il potere e i soldi per mettersi al seguito di Gesù. Mi ritrovo in lui e credo, papà, che anche tu stia cercando, attraverso questo Cammino, una strada diversa, un modo nuovo di vivere le tue giornate. Lo sento, per questo volevo dirti che sono felice di trovarmi qui, ora...».

Gli stringo la mano sinistra, la mia è sudata dall'emozione. Non riesco a replicare, lo stato di agitazione mi sovrasta. Chiara mi regala uno dei suoi sorrisi che mi fanno sentire accolto e protetto. Non è necessario aggiungere altro.

È arrivato il momento della cena. Ritorniamo nella piazza centrale. Individuiamo una locanda, tutte le pietanze sono esposte al pubblico. Entriamo e chiediamo di portarci i loro piatti tipici, per la gioia di Chiara. Nel volgere di tre minuti arrivano due ragazzi e riempiono il nostro tavolino di tante ciotole. Chiedo lumi. Il cameriere più giovane tenta una spiegazione, i ragazzi si divertono con lui nel ricostruire e identificare i singoli piatti. Abbiamo così una salsa piccante, l'*harissa*, che neppure sfioro; poi la crema di melanzane arrostite, la mia preferita; l'*humus* di ceci e aglio, mi piace, ma non tanto; uno sformato di carne di montone e lenticchie, il sapore mi è familiare dalla nascita e infine un cesto con tanti pani piatti a lievitazione naturale, la vera meraviglia di questo banchetto.

Spazzoliamo tutto, anche se mi manca il vino *tinto*.

Abbiamo necessità di camminare. La luce dei lampioni è scarsa ed evitiamo di andare lungo le strade esterne, giriamo intorno alla grande piazza, poi troviamo un passaggio per ritornare nel nostro ostello.

Oggi è vigilia, domani a Gerusalemme, abbiamo bisogno di raccoglimento. Spegniamo la luce ma non riusciamo a dormire, complice la calura e l'emozione per l'appuntamento di domani.

Il grande sogno sta per realizzarsi.

Shalom aleichem.

Arrivo al Santo Sepolcro
(Gerico – Gerusalemme)

La notte è passata insonne, come sempre mi succede alla vigilia. Gerico non è un luogo per gli indifferenti, tutto è forte: dal caldo afoso ai profumi della palma da datteri che cresce di fianco al nostro rifugio.

Ci mettiamo in movimento. Il titolare dell'ostello ci accompagna fuori dalla città, sento un forte richiamo, una specie di nostalgia, forse dettata anche dalla mia condizione fisica. Gerico è una città che parla alla carne, ti mette a dura prova ma sa anche accarezzarti. Dal finestrino del pulmino osservo le strade polverose e sporche; due ragazzini vanno spediti nella nostra stessa direzione, alzano il braccio, vorrebbero un passaggio ma il nostro autista tira dritto.

Oggi si sale, da meno trecento agli ottocento metri di Gerusalemme, cambiano le temperature e cambia il punto di vista rispetto al deserto, che, maestoso, è pronto ad accoglierci.

Le gambe potrebbero non reggere la tappa più importante, ma lascio che tutto avvenga come nei giorni che mi hanno preceduto.

Mi sento trasportato e fortemente sollecitato ad andare avanti, ascolto la voce che mi parla e mi guida, non so cosa accadrà nelle prossime ore. È quasi un mese che cammino, la barba è lunga, mi sento come un ramoscello sballottato dal vento, pronto ad assorbire ogni stimolo.

Al checkpoint i controlli sono ancora più minuziosi. Siamo in fila insieme a molti cittadini palestinesi, dobbiamo superare due barriere, lasciamo lo zaino su un rullo e passiamo sotto il metal detector, poi aspettiamo il nostro turno per la consegna del passaporto a una ragazza armata fino al collo.

Finalmente ritiriamo gli zaini, abbandoniamo l'area d'ispezione e ci troviamo dinanzi a una palizzata, un muro alto otto metri che pare si estenda per tutti i quartieri arabi di Gerusalemme e lungo la linea di confine con i territori di Betlemme. Lo Stato d'Israele ha definito questa staccionata come barriera antiterroristica, i palestinesi semplicemente come muro della vergogna. Mi risuonano le parole di Amoz Oz: "L'ebraismo è dialogo, non muro. È con le parole che si raggiunge il compromesso e si combatte il fanatismo".

Siamo a Gerusalemme Est, assegnata ai palestinesi ma unilateralmente annessa dallo Stato d'Israele dopo la guerra dei *Sei giorni* nel 1967. Non è facile vivere a Gerusalemme, a ogni passo ti senti controllato e ogni azione la devi meditare. Non è facile vivere in Israele, il conflitto ti attraversa le vene e ti rende nervoso a ogni ora. "Una parte della tragedia di Israele oggi è che, nonostante ciò che abbiamo compiuto in modo miracoloso, Israele non è diventato la casa che bramavamo. È piuttosto una fortezza, non una casa. Il mio desiderio per il mio Paese, per la mia famiglia, per i miei amici, per me, è che possa diventare una casa", leggo e faccio mia l'aspirazione di David Grossman.

Il checkpoint ci ha tolto la voglia di parlare. Ma Gesù ci chiede di procedere.

Cominciamo a salire. Ora la strada si fa veramente dura. Facciamo piccoli passi, sentiamo l'aria più leggera, non posso che guardare i sassi e poi l'asfalto, anche Gesù percorse esattamente questo tratto nel suo ingresso a Gerusalemme.

Ad accoglierlo ci fu una folla. Erano giorni di festa, la città si preparava a festeggiare la Pasqua, ossia la liberazione del popolo ebraico dalla schiavitù dell'Egitto. Era domenica. Salì a Gerusalemme in groppa a un puledro e giunse in città fortemente smagrito e disidratato. La sua permanenza durò solo sei giorni, il venerdì successivo fu messo in croce e morì.

Cosa fece in quei sei giorni? Me lo chiedo mentre propongo ai ragazzi di fare una sosta, sento il cuore in gola e devo bere. Da una casa un bambino lancia una bottiglia vuota di coca cola, cerco di bloccarla ma vola veloce a valle. Le auto sono parcheggiate di traverso, come le ho viste a San Francisco.

Vogliamo mettere a fuoco quei giorni di Gesù, ma ora dobbiamo andare, dalle viuzze laterali soffia un vento freddo e noi siamo sudati. Ci armiamo di coraggio e affrontiamo l'ultimo pezzo della rampa. Ci guardiamo per dire che siamo ormai vicini al grande appuntamento, anche i ragazzi sentono la voce del Nazareno che ci sta dando l'ultima spinta.

Allorché Gesù arrivò in città aveva in mente, come noi, una meta ben precisa: volle andare direttamente al tempio per pregare, per vedere da vicino il comportamento dei suoi fratelli ebrei. Per tutto il giorno pregò e rimase in silenzio, ripensando alle sinagoghe di Nazaret e Cafarnao, da dove fu cacciato. A fine giornata chiese ai suoi amici di essere accompagnato a Betania dove Maria, Lazzaro e Marta avevano casa. Oggi è un quartiere che si trova proprio di fronte al Monte degli ulivi.

«Sarebbe quello che noi chiamiamo il Lunedì Santo?».

«Sì, il primo giorno della nostra Settimana Santa».

«E il martedì?».

Questo è un giorno che probabilmente segnò in via definitiva la sua vita. Di buon'ora si alzò, Maria era felice di ritrovare suo figlio, avevamo perso di lei le tracce. Gesù aveva rotto con Nazaret e anche con i parenti, perché dopo il Monte Tabor aveva definitivamente intrapreso un'altra strada, un altro Cammino.

Dopo aver fatto colazione, si recò nuovamente al tempio, questa volta non per ascoltare ma per parlare e agire. Al suo arrivo trovò i mercanti intenti a commerciare nel luogo sacro dedicato a Dio, perciò li cacciò, riservando lo stesso trattamento di cui in passato era stato vittima. Conosceva il suo destino e sapeva che quell'azione gli avrebbe provocato innumerevoli problemi, tuttavia non aveva più tempo a disposizione: doveva agire e segnare in modo netto la rottura tra il *vecchio* e il *nuovo*. Rischiò il linciaggio: il suo gesto non fu condiviso dalla maggior parte delle altre persone presenti nel luogo sacro, che si guardarono bene dall'acclamarlo come avevano fatto solo due giorni prima al suo ingresso in città.

«Siamo a mercoledì».

Questo è un altro momento importante. In questo giorno Gesù affrontò i suoi confratelli ebrei a viso aperto, rispondendo alle loro domande, tutta la città era in subbuglio per i fatti del giorno prima, nessuno mai aveva osato tanto. Marco riferisce nel suo racconto di almeno tre discorsi decisivi. Il primo con una forte ricaduta politica, anche se poi non gli valse la salvezza rispetto ai Romani. Affermò la separazione tra religione e politica: "Date a Cesare quel che è di Cesare, a Dio quello che è di Dio". Ribadì la sua continuità rispetto a Giovanni Battista, molto amato dagli ebrei; entrò in polemica con gli scribi e affrontò il tema della distruzione di Gerusalemme e della fine del mondo. Soprattutto prese di mira i farisei, quelli che dall'interno del Sinedrio, in quelle stesse ore, stavano confezionando accordi contro di lui: "Guai a voi, scribi e farisei ipocriti, poiché pagate la decima sulla menta, sull'aneto e sul cumino e poi trascurate i precetti più gravi della legge, come la giustizia, la pietà, la fede" ci ricorda Matteo.

È ora di rimetterci in marcia. Siamo al meglio delle nostre forze. Un signore riconosce la conchiglia che identifica il mio zaino, è quella di Santiago che uso lungo tutti i cammini. Mi ferma, vuole indirizzarci in una chiesetta greco ortodossa, gli diciamo però che il nostro primo appuntamento è nella città vecchia.

Un bambino, per strada, ci offre un caffè ma non possiamo accettare, nonostante la tenerezza dei suoi occhi castani. Risaliamo, Gerusalemme si snoda tra colli e tornanti. Le vie della Porta est sono sporche e si respira la stessa aria di Gerico. Sudiamo oltre misura. Procediamo con le indicazioni che ci fornisce Luca. Chiara sprizza felicità da tutti i pori.

Quando siamo in cima prendiamo visione della Città Santa. Di fronte a noi il Monte degli Ulivi. Prima forte emozione. Il passo si fa più leggero. Ora una discesa. Io innanzi e Luca in mezzo con il GPS. «Fermati papà, siamo vicini al Getsemani». Attraversiamo la strada e ci troviamo all'interno di un piccolo giardino, un luogo di silenzio, che Gesù ha tanto amato, malgrado i tradimenti. Ci fermiamo, seguiamo il tragitto del Nazareno.

È un orto inerte e mite, si trova nella valle tra la parte vecchia di Gerusalemme e il ripidissimo Monte degli Ulivi (Gethsemane, in aramaico significa frantoio). Il silenzio è assoluto, facciamo un giro, tocchiamo gli ulivi, in particolare quello piantato da Paolo VI nel 1964 ed entriamo nella chiesa fatta edificare dai Francescani. Un gruppo di ragazzi italiani sta intonando *Resta qui con noi* dei Gen Rosso, una canzone a me molto cara, mi siedo su una panca, chiudo gli occhi e ripenso alle ultime ore di Gesù in questo giardino.

Il giovedì mattina Gesù e i suoi amici si erano riuniti in una casa di Gerusalemme, il Cenacolo, per prepararsi alla cena pasquale. Alla sera li invitò a pregare, spezzò il pane e disse loro: "Prendete questo è il mio corpo", dopo avere lavato loro i piedi. Al termine della cena, in piena notte, dopo avere attraversato la vallata e risalito il Monte degli Ulivi, arrivò al Getsemani: qui pronunciò il suo ultimo discorso, qui indicò agli altri apostoli colui che l'avrebbe tradito, qui manifestò tutta la sua umanità e fragilità, qui si appartò, anche per non fare impensierire troppo i suoi discepoli e qui si rivolse ad Abba, suo Padre, con una preghiera quasi disperata: "Padre, se vuoi, allontana da me questo calice". Gesù non voleva morire, viveva dell'affetto dei suoi amici e non voleva abbandonarli. Ma il suo destino era ormai segnato. Quando ritornò tra questi alberi trovò i suoi amici che dormivano e li ammonì: "Vegliate e pregate per non entrare in tentazione. Lo spirito è pronto, ma la carne è debole". Li voleva preparare agli eventi che di lì a poche ore avrebbero sconvolto la città di Gerusalemme e il resto del mondo.

Qui al Getsemani Gesù fu arrestato e condotto da Ponzio Pilato per il processo. Non si è più visto nel corso della storia un processo celebrato nel cuore della notte: qualcuno aveva deciso che comunque l'indomani doveva morire, ma era necessario, ancorché formale, uno straccio di processo.

Riapro gli occhi. Il canto è terminato da un bel po', il prete che accompagna questi ragazzi di Urbino sta pronunciando un'omelia, mi sembra alquanto noiosa.

Riprendiamo la marcia e penso a quel Giovedì Santo di oltre duemila anni fa quando Gesù istituì il sacramento dell'Eucarestia, proprio in quella casa di Gerusalemme vecchia. Oggi il Cenacolo si trova all'interno di un complesso di edifici sul Monte Sion, al suo fianco ci sarebbe anche la Tomba di David, ma non è certo. Per questo motivo il governo israeliano non consente ai cristiani di potersi raccogliere in preghiera e di celebrare la santa messa. Una ferita aperta, che contrasta con la storia santa di questa città.

Ora scendiamo, davanti a noi il grande cimitero ebraico e poi la cupola che domina sulla Spianata delle Moschee.

Mi sto immedesimando nel percorso di Gesù, sono al suo fianco, la notte è fredda e buia, solo poche torce a illuminare la strada, vedo i centurioni romani che lo strattonano e lo invitano a mantenere alta la testa.

Ponzio Pilato, procuratore romano della Giudea, lo sta aspettando per l'interrogatorio. Pilato non era uno stinco di santo e nemmeno un'aquila, a Roma non era ben visto, era uno che governava alla giornata, tutto sommato senza umanità. Come molti altri funzionari spediti in periferia, aveva a cuore prevalentemente la sua personale carriera politico-militare.

Lo vedo quando timidamente cerca di incrociare lo sguardo di Gesù: "Dunque tu sei re?" gli chiese.

"Tu lo dici" rispose Gesù.

Pilato era intimamente convinto dell'innocenza di Gesù, ma non se la sentì di scontentare l'ala maggioritaria del tribunale religioso ebraico, il Sinedrio, che voleva fosse fermato, in qualche modo neutralizzato, "il figlio del legnaiolo" di Nazaret. Su Ponzio Pilato cadono le responsabilità della morte di Gesù, non c'è dubbio. È lui che lo condannò alla crocifissione, facendo scrivere sulla croce la motivazione della sentenza: "Gesù nazareno re dei giudei". Il capo d'accusa era quindi di un Gesù che voleva fondare e guidare un movimento politico per rovesciare l'autorità di Roma a favore di un istaurando regno ebraico.

Le vicende di due giorni prima al tempio – la cacciata dei mercanti e la sua fitta predicazione – furono portate dai membri influenti del Sinedrio quale prova di questo capo d'imputazione. Tutti i testimoni e poi gli evangelisti ci fanno però capire che Pilato era ben consapevole della falsità di queste accuse.

Si saranno fatte le 4 del mattino, il processo oramai è stato celebrato, la sentenza scritta. Gesù è stato già flagellato, umiliato e quindi abbandonato in una cella malsana in compagnia di scarafaggi e lucertole. Dei suoi amici nessuna traccia. Pietro riuscì addirittura a rinnegarlo per ben tre volte.

Alla mattina del venerdì, a giochi ormai chiusi, si celebrò la farsa di un processo popolare, mediante il coinvolgimento di una folla ammaestrata e impaurita. Venne proposto un referendum: Gesù o Barabba. La folla scelse il secondo. In questo modo Pilato e il Sinedrio intendevano riversare sulla folla inferocita la responsabilità della condanna a morte del Nazareno.

I nostri passi si fanno più spediti. Entriamo nel cuore della città vecchia. Abbiamo tanta energia e vogliamo portare i nostri zaini ai piedi del Golgota. Risaliamo per le viuzze, il quartiere è in gran parte popolato dagli arabi. Chiediamo e ci viene data l'indicazione giusta. La Via Dolorosa è ridotta a un mercato, un grande *bazar* dove si vende di tutto. Le bancarelle dei commercianti arabi hanno occupato tutto il percorso, provo un po' di rabbia, vorrei più rispetto, qui Gesù, sanguinante e disperato, fu costretto a trascinare la sua croce. Ma non ci facciamo impressionare, abbiamo tanta polvere sui nostri passi, giorni intensi di cammino e non vediamo l'ora di arrivare alla grande meta.

Davanti alla Cappella della Flagellazione scappano le prime lacrime, inizia la via Crucis, rivedo Don Falconi nei riti della Settimana Santa di Orotelli e poi la festa il giorno di Pasqua. Ripercorriamo gli ultimi passi di Gesù prima della crocifissione. Sento tutta la mia inadeguatezza, vorrei camminare in punta di piedi se non fosse per lo zaino che oggi è ancora più pesante. Vorrei aiutare Gesù nel tratto finale, avrei voluto farlo, risparmiargli almeno gli ultimi metri di supplizio.

Abbiamo perso le indicazioni, Luca ci segnala una scalinata. Stiamo girando intorno alle bancarelle, mi verrebbe da fare come Gesù nel tempio, spazzarle via e cacciare i mercanti, chiedere loro un comportamento più rispettoso, a due passi c'è il Golgota, cioè il punto di rottura e di non ritorno tra il buio e la luce, tra la morte e la vita.

Come al Getsemani chiudo gli occhi e mi estranio. Non sento più i rumori della strada, non vedo più i turisti che si mettono in fila per mangiare nei tanti ristorantini a prezzo fisso e ignoro completamente i venditori ambulanti che allungano le mani per portarci dentro i loro negozietti. Percorro la Via Dolorosa inseguendo la scia di sangue che lascia il passaggio della croce, mi pare di sentire il respiro ansimante di Gesù. La croce è pesante.

Ormai siamo vicini alla grande cava di pietra abbandonata, appena fuori Gerusalemme. Oh, ecco Simone di Cirene staccarsi dalla folla e andare incontro a Gesù, aiutarlo a portare il pesante fardello. Poi tuoni e buio.

Mi faccio largo tra la folla assetata di sangue, alcuni gridano altri sono impietriti, Maria è in disparte. Alza gli occhi al Cielo, in cerca di un ultimo aiuto. Si fanno avanti due panciuti soldati, ricevono gli ordini da un altro centurione corpulento, impugnano una grossa mazza e iniziano a inchiodare mani e piedi, Gesù non reagisce, neppure ha la forza di guardare i suoi carnefici. Innalzano la croce. Mi avvicino, lo guardo dal basso, qualcuno, da dietro, mi sta tirando lo zaino, mi urla che devo andarmene, ma io rimango immobile. È in agonia, non riesce a respirare; punta i piedi e tenta di tirarsi su per evitare il soffocamento, ma alla fine, dopo aver gridato verso Abba, abbassa il capo e muore.

Riapro gli occhi, ho freddo. Sento la mano di Luca sul collo, è calda, vuole proteggermi; mi giro verso di lui e incontro il suo sorriso, rallentiamo il passo. Mi chiede se sto bene, gli faccio cenno con la testa. Vede le mie lacrime e anche lui si commuove. Chiara è qualche metro indietro. Lascio che siano loro a portarmi all'appuntamento finale. Alzo gli occhi, il sole è alto, la luce è ritornata in mezzo a noi.

«Forza papà», è la voce di Chiara, così limpida, così viva.

Ricompaiono il sereno e le energie. Sappiamo che Gesù è risorto ed è felice di saperci a due passi dall'appuntamento tanto atteso.

Siamo a un incrocio, chiediamo per la nostra chiesa, tutti ci invitano ad andare a destra, saliamo ancora ma la strada è bloccata da un furgoncino che sta scaricando alcune casse di frutta. Siamo impazienti. Aspettiamo, non possiamo fare altri percorsi.

Sono gli ultimi gradini, Luca e Chiara mi dicono che ormai ci siamo, che è questione di qualche metro. Non riescono a parlare, hanno la voce spezzata dall'emozione.

A questo punto ci prendiamo per mano, il cuore batte forte, non sentiamo più il brusio dei mercanti mentre alcuni raggi di sole si riflettono sul selciato fino ad abbagliarci. Rallentiamo il passo, avanziamo in punta di piedi, alziamo gli occhi al cielo e finalmente, dopo aver girato l'angolo, ci troviamo di fronte alla chiesa del Santo Sepolcro. Slacciamo gli zaini, li adagiamo ai nostri piedi e ci abbracciamo. Un pianto di gioia e liberazione ci tiene uniti.

Accarezzo le guance di Chiara e poi di Luca. Grazie ragazzi, non avrei mai potuto arrivare ai piedi di Gesù senza il vostro sostegno e la vostra guida, senza il vostro sorriso anche nei momenti di difficoltà.

Grazie Gesù per avere avuto la pazienza di aspettarci, per averci protetto in questo percorso, per averci dato la forza e la luce in tutti i momenti di sconforto.

Grazie per averci regalato questo appuntamento e la possibilità di vedere e toccare la terra dove hai vissuto, con le tue fragilità e la tua umanità.

Grazie per avere creduto in noi.

Grazie per averci fatto leggere la tua vita senza le mediazioni e le mistificazioni dei filosofi o degli intellettuali.

Grazie per il sole che ci hai regalato e per l'ottimo cibo che si è conservato integro nei sapori fin dai tempi in cui, bambino, correvi per le vie di Nazaret.

Grazie per averci accompagnato nelle preghiere quotidiane e anche, spero, per averci ascoltato. La vita, da oggi, avrà un nuovo sapore.

Shalom aleichem.

Dalla Natività alla negazione della vita
(Gerusalemme – Betlemme - Yad Vashem)

Mi chiedo quando finisca un Cammino: al raggiungimento della metà finale, con l'ultimo timbro sulla credenziale o al momento della cena con gli altri pellegrini, quando cerchi di ripercorrere i momenti più significativi?

Io penso che finisca quando ti alzi la mattina e non devi più preparare lo zaino, perché il più intimo compagno di viaggio non farà più parte della tua giornata. Ti senti strano, ti manca qualcosa, in qualche modo ti senti meno protetto. Sì, oggi è finito il Cammino. La testa comincia a riallinearsi con il vecchio ritmo e anche il corpo reagisce ritrovando antichi richiami e movimenti. Non è prevista alcuna tappa, non devi fare il carico d'acqua o organizzare i sacchetti a seconda delle necessità della strada. Non devi neppure controllare il kit della farmacia.

Ci alziamo, infiliamo i pantaloni lunghi e con un signore segnalatoci dalla ragazza della reception negoziamo il prezzo di un taxi per raggiungere Betlemme. La città è sotto l'autorità palestinese, possono entrare solo i tassisti arabi. Troviamo l'accordo e partiamo.

Betlemme si trova a soli quattordici chilometri da Gerusalemme ma è un mondo a parte, nel volgere di qualche minuto ci ritroviamo nel deserto, le rocce bianche ci riportano alla polvere del Cammino, sento già la nostalgia, un forte richiamo che mi disorienta rispetto alla ripartenza nella vita ordinaria che avverrà fra qualche giorno a Milano.

Entriamo a Betlemme. Il mercato intorno alla Basilica della Natività mi crea un forte malumore, veniamo circondati da finte guide turistiche e venditori di oggettistica sacra, abbasso la testa e tiro dritto.

Cerchiamo di svincolarci ma non è facile. È una calca umana, un girone di dannati coi quali sei costretto a fare i conti. Un traffico ben pianificato per costringere i pellegrini a sborsare dollari, euro o sterline. Poi ci sono i più furbi, che godono della complicità dei tassisti, tra cui il nostro che, appartato, se ne sta seduto ad aspettare la propria percentuale sugli incassi dell'illecito business. Sono gli stessi furbetti che sottolineano quanto sia rischioso entrare in chiesa senza la loro assistenza. Uno di questi si propone come guida, ma ne sa quanto me dei moti gravitazionali sotto la spinta di Marte. Parla ma non l'ascolto, lo capisce e mi lascia in pace, i ragazzi sono invece più tolleranti, ascoltano e ringraziano.

La chiesa è gestita dai cristiani ortodossi, è in corso una funzione religiosa, si tratta di un gruppo di pellegrini russi, che da queste parti godono di molta considerazione.

Varchiamo una porticina e ci ritroviamo in una cappella che è stata la mangiatoia, ci inchiniamo, tocchiamo il pavimento e sentiamo il caldo di quella paglia che accolse Gesù Bambino. Mi isolo dal mercato e prego, ritrovo il presepe e la gioia del Natale, gli occhi di meraviglia dei doni sotto l'albero, le stelle di dicembre che annunciano una vita nuova.

Raggiungiamo la chiesa dedicata a Santa Caterina, un gruppo di pellegrini italiani si sta preparando per la messa, un ragazzo con la chitarra intona: "Tu scendi dalle stelle", con Luca e Chiara ci guardiamo colti di sorpresa, è Natale, anche se fuori il sole fa volare le temperature sopra i trenta gradi. La vita.

Sono ancora frastornato da ieri, l'arrivo al Santo Sepolcro è stato un momento di forte emozione, così come la visita alla basilica che unisce il luogo della morte con quello della Risurrezione, un unico complesso gestito, non senza tensioni, da sei comunità di cristiani: cattolici, greco-ortodossi, armeni, siriani, copti ed etiopi, e le cui chiavi di accesso, da milletrecento anni, sono affidate a una famiglia musulmana. Ogni sera alle 8 la porta viene chiusa a chiave, anche se al suo interno la vita continua.

Tutto è di un'intensità unica, è un luogo che ti impone una rivisitazione, alla radice, del tuo percorso di vita, che ti richiama a una dimensione più sobria, più coerente con lo spirito del "deserto".

Gesù scelse il deserto in quanto fedele alla tradizione dell'Antico Testamento e soprattutto alle parole del profeta Isaia: "Infine in noi sarà infuso uno spirito dall'alto: allora il deserto diventerà un giardino e il giardino sarà considerato una selva". Ecco perché Gesù riuscì ad affrontare i giorni della passione a testa alta: aveva alle spalle quaranta giorni di solitudine che lo avevano reso un uomo nuovo, capace di ogni nobile impresa.

A Gerusalemme tutto è nelle mani degli uomini. Le donne sono assenti, sono escluse, lasciate deliberatamente fuori dalla gestione, conservazione e tutela della memoria. Parlo delle comunità cristiane, di tutte. Eppure, le donne sono quelle che mai hanno abbandonato Gesù. Sono loro che l'hanno seguito nel Cammino dalla Galilea alla Giudea, che sono rimaste fedeli alla sua Parola. Sono loro che l'hanno accolto a Betania quando ebbero inizio i giorni della Passione, loro che hanno sfidato i soldati romani sotto la Croce e versato le lacrime qualche minuto prima della tragica morte per soffocamento. Tutto questo mentre i suoi fedeli amici, gli apostoli, se ne stavano rintanati e nascosti in qualche anfratto di Gerusalemme. Per questo motivo, dopo la Risurrezione, Gesù decise di apparire prima di tutto alle donne. "Gli apostoli e discepoli fanno più fatica a credere. Le donne no" ha ricordato papa Francesco. È bene che la Chiesa, per il futuro, se vuole sopravvivere, faccia i conti con le donne.

Ne parlo con Chiara che sa ascoltare e replicare, soprattutto quando si tratta delle grandi questioni di principio. Non si fa intimidire da nessuno e porta un illimitato rispetto per le idee altrui.

«Papà, sai che qualche anno fa stavo per chiudere con la Chiesa e i preti e ancora oggi, a causa delle troppe ipocrisie e contraddizioni, non mi sento del tutto in sintonia con loro. Però, allo stesso tempo, sento una voce interiore che mi chiama, che mi sollecita dal profondo e mi spinge a interrogarmi. Sono venuta con te perché cercavo delle risposte e, per la verità, perché volevo capire meglio il senso del tuo Cammino».

«Hai trovato le risposte che cercavi?».

«Non lo so, però ho capito che non basta chiedere agli altri, occorre provare a buttarsi, a immergersi nelle situazioni e scavare dentro sé stessi per trovare le risposte».

«E tu l'hai fatto?».

«Sì, papà, questo Cammino mi ha aiutata a interrogarmi. Ho capito che posso fare di più, che devo dare di più…senza perdere troppo tempo con le rivendicazioni e le pretese. Abbiamo vissuto insieme Santiago e altre esperienze importanti, però a Gerusalemme ho capito che il Cammino nasce prima di tutto dentro di noi e per questo voglio dirti grazie!».

Ancora una volta mi ritrovo con le mani sudate: mi succede da quando ero piccolo, tutte le volte che l'emozione mi sovrasta si sciolgono e me le ritrovo bagnate.

Non dobbiamo aggiungere altro, mi allunga un fazzoletto per asciugarmi e proseguiamo per la sacrestia.

Ci accoglie un giovane frate. Gli raccontiamo del nostro Cammino e rimane colpito dal nostro coraggio, poi ci accompagna dal parroco che detiene il timbro della chiesa cattolica della Natività. Lo appone sulla nostra credenziale.

Ripartiamo per Gerusalemme, siamo felici. Chiediamo all'autista di lasciarci al *Yad Vashem*, il memoriale dell'Olocausto. Superiamo i controlli di sicurezza e prendiamo mappa e audio guida. Iniziamo il percorso. Vengo travolto dalla tristezza, non riesco a seguire le immagini terribili. Prima l'occupazione, poi la deportazione, quindi lo sterminio con le immagini agghiaccianti di Auschwitz. Sento rabbia e dolore. No, non può esistere tanta crudeltà. So che bisogna vigilare perché il tema della supremazia di qualcuno su altri è più che mai attuale. Mai più, mai più. La memoria è importante, ogni giorno bisogna fare memoria per sconfiggere chi semina cultura di odio e di morte, chi semplicemente nega la vita altrui.

Visitando questo luogo, terribile ma necessario, riesco a rinsaldare il valore di un incontro e di un confronto vivo con questa terra e con questo popolo. Ripenso alle parole del cardinal Martini e riprendo la lettura che mi aveva accompagnato nel trasferimento a Tel Aviv: "L'incontro porta a sintonizzarsi gradualmente con il popolo ebraico e la sua storia, la sua cultura, le sue sofferenze e le sue glorie. Porta ad amare, stimare, studiare le ricchezze delle tradizioni di questo popolo. Non è sufficiente combattere l'antisemitismo; bisogna imparare a conoscere, a sperimentare il tesoro di storia e di cultura del popolo ebraico, a familiarizzare con esso perché ci fa scoprire le nostre radici".

Penso che il mio percorso di apprendimento abbia avuto inizio nel momento in cui ho capito molte cose che prima di quest'esperienza mi erano del tutto sconosciute. Questo Cammino mi ha portato ad amare, sebbene con spirito critico, il popolo d'Israele che ha una lunga storia e che deve, oggi più che mai, investire in modo totale, sulla pace, piuttosto che sugli armamenti. Il mondo ha bisogno del popolo ebraico.

Usciamo scossi e provati. Non abbiamo voglia di mangiare. Ci avviamo verso la città vecchia. Suoniamo al convento dei Francescani, ad aprirci è frate Wander, brasiliano, parla benissimo l'italiano. Gli chiediamo il timbro di chiusura sulla nostra credenziale, ci parla della situazione delicata qui a Gerusalemme, delle tensioni con le istituzioni locali e anche con le altre religioni. L'equilibrio è precario, ma ci sono molti nuovi segnali di dialogo. Facciamo insieme una fotografia e ci regala il suo rosario, ci abbracciamo con l'intesa di mantenerci in contatto. Ci segnala un Cammino religioso nella sua terra brasiliana. Appunti per il futuro.

Abbiamo un'ultima tappa, ci dirigiamo verso il muro occidentale della città, meglio conosciuto come "Muro del Pianto". Anche qui dobbiamo attraversare un serrato checkpoint. È il luogo più importante per la religione ebraica, come per i cristiani lo è il Santo Sepolcro.

C'è una lunga fila, molte famiglie e tante facce sorridenti. Io e Luca da una parte, Chiara dall'altra, si prega in postazioni separate. Mi avvicino al muro e lo tocco. Solo così riesci a sentire l'energia di un luogo. Tutto intorno è preghiera e meditazione, raccoglimento vero. Da centinaia di anni la tradizione vuole che vengano infilati dei fogliettini bianchi tra le fessure di questa parete, contengono le preghiere e le invocazioni a Dio, tra cui le richieste per il ritorno di tutti gli ebrei esiliati nella terra d'Israele e la ricostruzione del nuovo tempio. I due precedenti sono stati distrutti.

Preghiamo anche noi. Dio sa ascoltare i suoi fedeli.

È arrivato il momento di lasciare Gerusalemme per trasferirci a Tel Aviv. I pensieri affollano la mia mente, non è facile staccarsi da questa città. Un po' è come lasciare la propria casa. Il luogo dove accetti di essere "rovesciato" sull'esempio di Gesù che, attraverso la lavanda dei piedi nel Cenacolo, dichiara "la sua ferma volontà di servire fino al punto di morire per amore dell'uomo". "È il passaggio – conclude Martini – da padrone a servo, da maestro a farsi il più piccolo dei discepoli".

Questo è il nuovo e faticoso Cammino che mi aspetta nei giorni a venire.

Shalom aleichem.

Il rientro
(Tel Aviv – Milano)

L'aereo sta per partire, dopo quasi due giorni trascorsi a Tel Aviv.

Non ho amato questa città. Troppa voglia di imitare le realtà europee e di prendere le distanze dalla storia millenaria di questa terra. La politica ha le sue regole, il consenso passa dagli accordi anche di natura culturale tra gruppi politici e nazioni, tra leader e movimenti. Mi sembra che si voglia lanciare un messaggio del tipo: dovete rimanere nostri alleati perché noi siamo come voi, siamo occidentali, abbiamo le autostrade, gli ospedali che funzionano, gli aeroporti, le scuole, le università, i ristoranti e i centri benessere. Insomma, siamo europei, americani e canadesi. In effetti a Tel Aviv ho trovato tutto questo, come in tante altre città occidentali. Anche le spiagge sono ben organizzate con tanti grattacieli che danno direttamente sul mare, ma non ho sentito l'anima di Gerusalemme. Altra cosa.

Per questo ho trascorso le ultime ore in totale isolamento, sono rimasto sintonizzato con Nazaret, Cana, Gerico e, appunto, Gerusalemme.

Scrivo queste righe dall'aereo che mi riporta a casa, dopo un mese di Cammino. Ecco, succede di nuovo, ritorno alla vita ordinaria. Sono pronto? Che cosa porterò con me in questo nuovo domani? Cercherò di mettere in pratica, sperando di esserne capace, tutti gli insegnamenti acquisiti in questo mese. Non sarà facile. Sono stati trenta giorni all'insegna della fatica e della scoperta. Ogni giorno ho lasciato che fosse il Cammino a propormi nuovi itinerari. Con gli stessi sentimenti del cardinal Carlo Maria Martini, sono partito da Milano senza sapere cosa mi sarebbe accaduto. E di questa incertezza del pellegrino, questa meravigliosa incertezza di chi sa dove è diretto ma tiene il suo animo aperto per ascoltare il Cammino, le sue deviazioni, le sue imprecisioni e sfide, ne ho, oggi, pieno il cuore.

Ancora una volta il Cammino è stato molto generoso: tutti i giorni mi ha regalato forti emozioni, mi ha proposto nuove ipotesi di ragionamento, mi ha fatto vedere le cose quotidiane nella loro semplicità e mi ha invitato alla pazienza e al rispetto dei tempi, soprattutto altrui.

Camminare cambia la vita, non ci sono storie. Il cambiamento lo senti dentro. Ti cambia nelle relazioni, nel rapporto con te stesso, con il tuo corpo e ti rende una persona nuova. La felicità aiuta a vivere meglio. Nel Cammino fai esperienza di felicità. Sì, sono felice, non faccio fatica a scriverlo.

Per questo, mentre elaboro questi pensieri, sto già pensando al prossimo Cammino, per continuare la ricerca interiore e per consolidare alcune idee che mi accompagnano da qualche anno.

Vorrei continuare a incontrare le persone per strada e fermarmi per uno scambio di idee.

Vorrei poter contribuire a costruire nuovi ponti e nuovi percorsi di pace tra le persone.

Vorrei il prima possibile ritornare a Gerusalemme per respirare la storia e rinsaldare la fede che qui ha radici profonde e antiche, sapendo, sempre con le parole di Martini, che "non si può parlare di Gerusalemme senza amarla".

"Di te si dicono cose stupende,
città di Dio"
è scritto nel salmo 87.

Sì, posso confermare. È un'immagine, quella di Gerusalemme, che mi ha accompagnato fino a Otranto prima e poi alla meta finale. Nel Cammino italiano, così diverso da quelli precedenti, così fisico e spirituale al tempo stesso, ho pensato spesso al perché di questa mia sete di Cammino. Ho pensato alla vita di Gesù, ai suoi insegnamenti, alle sfide che ha affrontato e ho fatto mia ogni parola, ogni momento. Era qui che volevo arrivare, a Gerusalemme, e sapevo che non sarei mai stato solo. Era qui che sapevo ci sarebbe stata una parte importante della risposta a *quel* perché.

A Gerusalemme si vive un'esperienza che non ha eguali, viene alimentata la sete di conoscenza, si va in profondità. È la meta finale di un Cammino, del mio Cammino, ma è soprattutto il luogo da cui ripartire. Vivere e respirare l'aria di Gerusalemme significa rinascere, nascere una seconda volta. E io mi sento rinato.

Ma vorrei ritornare anche in Galilea per riprendere la strada dove Gesù ha vissuto l'infanzia e poi la giovinezza. Molto ancora dobbiamo scoprire e conoscere della storia di Gesù, la più bella rivoluzione che il mondo abbia mai conosciuto e per la quale sono pronto a un nuovo Cammino, senza limiti di tempo e senza paura.

Ora è il tempo della riflessione e poi della meditazione. "Da Roma a Gerusalemme" è l'augurio che rivolgo a tutti coloro che vogliono rimettersi in discussione, in un Cammino che non è mai scontato. Sì, ogni giorno sarà un'emozione unica, in quel partire "senza sapere ciò che là mi accadrà".

Shalom aleichem.

Ringraziamenti

Il libro non poteva aspettare oltre. Come per le precedenti esperienze, il racconto rappresenta un po' la continuazione del Cammino, in qualche modo la sua rivisitazione in chiave meditativa. Con *Ti Mancherà* e *Tanta vita* si è andata formando una carovana che ha voluto condividere con me riflessioni, richiami e aspirazioni provenienti dalla polvere della strada. Ora siamo in tempi di pandemia e, mentre scrivo, non so quando la carovana potrà rimettersi in marcia nella seconda parte del percorso, quella delle presentazioni per città e villaggi.

Viviamo il tempo dell'attesa e dell'incertezza ma anche una stagione di consapevole resistenza: non vogliamo adeguarci definitivamente al nuovo format imposto dal Covid, a quel meccanismo del distanziamento che ci impedisce ogni forma di comunicazione *in presenza*. Passerà la notte buia della pandemia e riprenderemo la vita normale, ci ritroveremo nelle librerie e nei teatri a discutere e ad abbracciarci anche con la viva voce dei miei compagni di cordata: Antonio Ferrarelli, Pino Guido e Raffaele Tortorelli, oltreché di Luca e Chiara.

Nel mentre andiamo in stampa perché ormai il racconto ha preso forma e può essere offerto alla pazienza e al coraggio dei famosi "venticinque lettori".

Con la "sicura incertezza del pellegrino", come direbbe l'amica Mariella Cortes (che mi segue fin da *Ti Mancherà*), licenzio il diario e ringrazio tutte le persone che mi hanno sostenuto in questo progetto. In particolare, ringrazio l'amico Giovanni Reho, autore della bellissima prefazione e col quale ho condiviso l'emozione di questo progetto editoriale; Giovanni è anche presente nel capitolo "I Martiri". Un ringraziamento speciale va poi a quelle persone che hanno collaborato a questo progetto e che mi hanno chiesto di rimanere in disparte. Questo libro è il frutto di un'esperienza plurale e comunitaria, a testimoniare che da soli non andremo da nessuna parte, mentre *insieme* raggiungeremo ogni giorno nuove ed emozionanti mete.

Fonti

Nella ricostruzione del presente diario mi sono state di aiuto e giovamento le seguenti letture e fonti: primo fra tutti, Corrado Augias e Mauro Pesce, *Inchiesta su Gesù*, Mondadori, 2017 (questo testo mi è stato particolarmente prezioso nella ricostruzione di tutta la vicenda storica della figura di Gesù); Carlo Maria Martini, *Verso Gerusalemme*, Ed Feltrinelli, 2002 (da qui ho tratto tutte le citazioni nel testo relative a Carlo Maria Martini); James Martin, *Gesù. Un pellegrino*, Ed. San Paolo, 2014 (per l'interpretazione dei luoghi sacri attraversati e visitati lungo il Cammino); Carlo Francou, *Terra Santa. Lungo le strade di un pellegrino del VI secolo*, Ordine Patriarcale della S. Croce di Gerusalemme, Ed. Tip. Le. Co, Piacenza, 2017 (per una conferma e un confronto rispetto alle sensazioni e meditazioni sviluppate lungo le tappe); P.B. Meistermann, *Guida di Terra Santa*, Alfani e Venturi editori, 1925 (per la ricognizione del territorio della Galilea e della Giudea prima della proclamazione dello Stato di Israele); Maria Rita Ferri e Don Gianni Toni, *Guida della Terra Santa*, Shalom ed, 2018 (per la ricognizione dei siti lungo il Lago di Tiberiade); Paolo Giulietti, *A piedi a Gerusalemme*, Terre di Mezzo ed, 2012 (per la verifica delle singole tappe); *Il catechismo dei giovani. Non di solo pane*, Ed CEI, 1979 (per l'interpretazione di alcuni passi del Vangelo); Franco Cardani e Antonio Musarra, *Il grande racconto delle crociate*, Il Mulino, 2019 (per il capitolo I *Crucesignati*); Vangelo e Atti degli Apostoli, Edizioni San Paolo, 1987; *Israele, una fortezza invece di una casa*, Intervista a David Grossmann, Bimestrale *Vita e Pensiero* Università Cattolica, n. 6, novembre- dicembre 2019, p. 46 e segg... (per la relativa citazione nel testo); *L'ebraismo è dialogo, non muro. La vena libertaria di Amos Oz*, Corriere della Sera, 4 gennaio 2020, p. 38 (per la relativa citazione nel testo). Salvatore Colazzo (a cura di), *Tabacco e tabacchine nel Salento contadino*, in Il Sole del Salento/Unipop, Lecce, Amaltea Ed., 2005 (per il capitolo *Mescia* Giovannina).

Sommario